# OLHAR
# **ATENTO**

**Shari Tishman** é pesquisadora associada sênior e ex-diretora do Project Zero, um centro de pesquisa e desenvolvimento da Harvard Graduate School of Education, onde também dá aulas. Seu trabalho se concentra no desenvolvimento do pensamento e da compreensão e na aprendizagem por meio das artes.



T613o Tishman, Shari.
Olhar atento : como incentivar os alunos a aprender por meio da observação / Shari Tishman ; tradução : Marcos Viola Cardoso ; revisão técnica : Renata Araujo. Porto Alegre : Penso, 2024.
xii ; 185 p. ; 23 cm.

ISBN 978-65-5976-051-0

1. Educação – Arte. 2. Educação infantil. 3. Ensino fundamental. 4. Prática pedagógica. I. Título.

CDU 37.02

Catalogação na publicação: Karin Lorien Menoncin – CRB 10/2147

SHARI TISHMAN

# OLHAR ATENTO

## Como incentivar os alunos a **aprender por meio da observação**

Tradução
**Marcos Viola Cardoso**

Revisão técnica
**Renata Araujo**
*Pedagoga, assessora e formadora de professores com foco nas pesquisas do Project Zero sobre visibilidade do pensamento e aprendizagem profunda.*
*Doutoranda em Arte e Educação na Universidade Estadual Paulista (Unesp).*

penso

Porto Alegre
2024

Obra originalmente publicada sob o título *Slow Looking: The Art and Practice of Learning Through Observation*, 1st Edition.
ISBN 9781138240414



Gerente editorial
*Letícia Bispo de Lima*

**Colaboraram nesta edição:**

Coordenadora editorial
*Cláudia Bittencourt*

Editor
*Lucas Reis Gonçalves*

Capa
*Paola Manica | Brand&Book*

Preparação de original
*Nathália Bergamaschi Glasenapp*

Leitura final
*Gabriela Dal Bosco Sitta*

Editoração
*Ledur Serviços Editoriais Ltda.*

Reservados todos os direitos de publicação, em língua portuguesa, ao
GA EDUCAÇÃO LTDA.
(Penso é um selo editorial do GA EDUCAÇÃO LTDA.)
Rua Ernesto Alves, 150 – Bairro Floresta
90220-190 – Porto Alegre – RS
Fone: (51) 3027-7000

SAC 0800 703 3444 – www.grupoa.com.br



IMPRESSO NO BRASIL
*PRINTED IN BRAZIL*

*Para Martin Andic*

*Só vemos o que observamos. Observar é um ato de escolha.*

— John Berger

*Vá para a natureza; investigue os fatos por conta própria; observe e veja por si mesmo!*

— Louis Aggasiz

*Ver leva tempo — como ter um amigo leva tempo.*

— Georgia O'Keefe

# AGRADECIMENTOS

Este livro está em construção há algum tempo. Tenho a sorte de trabalhar no Project Zero, um centro de pesquisa da Harvard Graduate School of Education, e é difícil imaginar uma comunidade de colegas mais solidária e estimulante do que essa. Sou grata a todos os meus amigos do Project Zero pela inspiração e pelo incentivo contínuos. Também estou em dívida com os muitos professores e educadores de museus ligados ao Project Zero ao longo dos anos, que me permitiram aprender a partir das experiências deles.

Devo um agradecimento especial a David Perkins. Muitas das ideias deste livro foram testadas, exploradas e aprimoradas em nossas inúmeras conversas enriquecedoras. Sou excepcionalmente grata a Edward Clapp e Liz Dawes Duraisingh, que me ajudaram a desenvolver uma visão concreta deste livro e me orientaram nos estágios iniciais para torná-lo realidade. Agradeço calorosamente a Carrie James, minha amiga e colega no Project Zero, por seu incentivo constante e diário e por estar sempre à disposição com uma sugestão prática ou uma ideia inspiradora.

Sou grata aos muitos amigos e colegas que conversaram comigo sobre ideias que acabaram entrando no livro: sou grata pelas conversas e andanças com Patty Stone e pelas conversas regadas a chá com Alythea McKinney. Um agradecimento especial a Seymour Simmons por me ajudar a explorar as conexões entre o olhar atento e o desenho, e a Corinne Zimmerman por nossas muitas conversas estimulantes sobre o olhar atento em museus. Agradeço a Scott Reuscher por sempre me direcionar ao poeta certo, e sou profundamente grata a Jordy Oakland por seu auxílio com algumas pesquisas literárias iniciais que me ajudaram a começar. Sou grata a Jessica Ross por sua perspicaz ajuda na aplicação da "desaceleração" à prática em sala de aula, e agradeço a Jim Reese por me permitir trabalhar algumas dessas ideias no palco, às vezes antes de estarem prontas para o horário nobre. Sou grata a Howard Gardner por seu gentil apoio.

Algumas das ideias do livro ligadas ao projeto Out of Eden Learn foram desenvolvidas no âmbito de uma bolsa da Abundance Foundation. Agradeço o apoio da fundação e agradeço particularmente o apoio e os conselhos de seu presidente, Stephen Kahn. Um agradecimento especial a Paul Salopek, o viajante original do projeto Out of Eden, cujo trabalho e amizade me inspiraram ao longo do caminho. Agradeço muito a Susie Blair por ser minha parceira na análise dos dados dos alunos do Out of Eden Learn e agradeço a Michelle Nguyen por sua inestimável ajuda durante os estágios posteriores desse trabalho.

Ao longo deste livro, várias obras de arte são referenciadas no texto ou reproduzidas em pequena escala em preto e branco. Sou grata aos artistas, aos museus e aos estudiosos que me permitiram reproduzir seus trabalhos. Incentivo os leitores a complementar a experiência de leitura pesquisando na internet versões coloridas dessas obras.

Dan Schwartz, meu editor na Routledge, me incentivou e me deu *feedbacks* valiosos e muito oportunos. Sou profundamente grata a Allison Wigen, que ajudou no desenvolvimento do manuscrito e forneceu sabedoria, apoio e assistência prática precisamente nos momentos em que foram necessários. Minha irmã, Andrea Tishman, me ajudou nessa jornada desde o início: muito se deve ao seu ouvido atento, ao seu apoio constante e à sua visão perspicaz. Agradeço ao meu marido, Robert Sowa, e ao meu filho, Stefan Sowa, pelo apoio amoroso a cada passo do caminho.

Este livro é dedicado à memória de Martin Andic — professor, amigo e um verdadeiro mestre da "desaceleração" —, cuja inspiração há tantos anos me colocou neste caminho.

# APRESENTAÇÃO À EDIÇÃO BRASILEIRA

Este livro chegou a mim, pela primeira vez, pelas mãos da autora. Shari Tishman me presenteou com a obra em nosso primeiro encontro presencial, em 2018, em sua sala no Project Zero, na Harvard Graduate School of Education.

Difícil descrever a emoção de receber o livro de suas mãos após o presente que foi ter conversado com ela sobre o "pensamento visível", o "olhar atento" e o modo como esses estudos contribuem para desenvolvermos uma nova disposição diante do mundo. Saí desse encontro encantada com todo o aprendizado vivido e com a possibilidade de ampliar essas reflexões lendo o livro *Olhar atento: como incentivar os alunos a aprender por meio da observação*.

Comecei a leitura e logo fiquei maravilhada com o universo que ela abria em torno da arte, do pensamento, do desenvolvimento do olhar atento e da oportunidade de aprender com "os próprios olhos". Enquanto lia, refletia sobre a importância de possibilitar que o maior número de educadores tivesse a oportunidade de ler o livro e, por meio dele, acessar novas possibilidades de olhar, estabelecendo uma nova relação com o mundo e com o conhecimento. Escrever esta apresentação significa a materialização desse desejo — da expectativa de que todos os educadores brasileiros tenham a oportunidade de acessar esta obra e a si mesmos ao estabelecerem relações entre assuntos como **arte**, **observação**, **pensamento crítico** e **aprendizagem**.

Posso dizer que este livro é um convite ao desenvolvimento do olhar. Não apenas o olhar que vê o mundo, mas que enxerga suas camadas, sua complexidade e, nesse exercício de aprofundamento, promove aprendizagem significativa. Em suas páginas, Shari Tishman nos convoca a refletir sobre a concepção de olhar atento e formas de desenvolvê-lo em nós mesmos e em nossos estudantes, considerando a sala de aula e sua conexão com o mundo.

Temos vivido tempos que convocam à aceleração, à superfície, à opinião imediata, situações que nos distanciam da possibilidade de olhar melhor, de enxergar mais do que conseguimos perceber em uma primeira mirada. O olhar atento evidencia a possibilidade e a importância de aprender por meio da observação, de desenvolver um olhar profundo, crítico e criativo diante das situações. Aprender por meio da observação é uma experiência diferenciada de desenvolver o olhar científico, notar detalhes e buscar evidências dessas percepções.

Podemos nos perguntar: é possível ensinar a olhar? *Olhar atento: como incentivar os alunos a aprender por meio da observação* nos mostra que sim, que a construção de uma nova disposição diante do mundo criada por meio da observação atenta pode se dar em nossa experiência cotidiana junto aos estudantes.

Mas por que isso é importante? Ao longo da história da humanidade, a experiência da observação tem sido essencial para a construção do conhecimento. A arte, a ciência e a filosofia, por exemplo, aprofundam suas capacidades por meio do olhar e da observação atentos, da possibilidade de considerar os detalhes, estabelecer conexões, descrever, inferir, notar o que em uma primeira percepção não pode ser visto. Isso não apenas visibiliza como amplia o aprendizado de um modo essencial, deslocando o aprendiz da posição de quem "recebe" informações (ou acredita que o que ele precisa saber está posto nos livros ou em outras pessoas) para alguém que consegue olhar por si mesmo e construir o aprendizado em um movimento que vem de dentro, como nos aponta a autora.

Ensinar a observar atentamente é, portanto, uma oportunidade de desenvolver novas formas de estar no mundo e se conectar com ele. Ensinar a olhar por si mesmo, a fazer perguntas, a ampliá-las é fundamental para essa construção e exige professores que reflitam sobre tais aspectos e sobre que perguntas podem favorecer essa construção.

Este livro, ao apresentar o conceito e a importância de desenvolver o olhar atento e trazer exemplos que nos auxiliam a promovê-lo em nossas salas de aula, contribui para desenvolvermos nosso próprio olhar, gerando mudanças no modo de proporcionar experiências de ensino. Dessa forma, nossos alunos terão chance de se conectar com os conteúdos previstos em aula e com o mundo no qual estão inseridos de forma mais profunda e criativa, transformando sua relação com o que podem ver e desenvolvendo a construção de um novo olhar.

Boa leitura e novos olhares!

**Renata Araujo**

*Pedagoga, assessora e formadora de professores com foco nas pesquisas do Project Zero sobre visibilidade do pensamento e aprendizagem profunda. Doutoranda em Arte e Educação na Universidade Estadual Paulista (Unesp).*

# SUMÁRIO

# 1

# INTRODUÇÃO: O RITMO IMPORTA

*Em Oakland, Califórnia, quatro alunos do nono ano empunhando chaves de fenda sentam-se ao redor de uma mesa e desmontam a fechadura de uma porta. Usando as mãos e os olhos, eles exploram os meandros e as partes interconectadas da fechadura. Na mesa à frente deles, há uma grande folha de papel na qual eles fazem anotações e esboços, documentando suas descobertas à medida que avançam.*

*Na Ásia Central, um jornalista viaja a pé ao longo da antiga Rota da Seda. Praticante de jornalismo lento, ele está ouvindo as histórias que não chegam às manchetes. Em um subúrbio fora de Samarcanda, no Uzbequistão, ele visita um tradicional fabricante de papel. Ele observa uma roda d'água movendo marretas de madeira que batem a casca de uma árvore até ela virar uma polpa fibrosa. Ele escreve que, quando o papel é seco e polido, parece tão macio quanto seda.*

*No Museu de Belas Artes de Boston, Massachusetts, um grupo de médicos residentes se reúne em frente a uma grande pintura. O objetivo deles é desenvolver suas habilidades de observação por meio do olhar para a arte. Um guia do museu diz a eles para olharem atentamente para a pintura e falarem sobre o que veem. À medida que a conversa se desenrola, os residentes ficam surpresos ao descobrir como cada um interpreta a pintura de uma maneira diferente, embora todos capturem as mesmas pistas visuais. A experiência faz com que eles pensem de forma renovada sobre suas próprias práticas clínicas.*

*Do outro lado do rio, em Cambridge, Massachusetts, uma estudante do ensino médio se aproxima de uma tela de computador e entra no ambiente virtual imersivo de um ecossistema de lagoas. Encolhendo-se para entrar em um microssubmarino, ela explora o fundo da lagoa, onde descobre alguns organismos microscópicos. Ela observa cuidadosamente o comportamento deles durante um período de dias virtuais.*

*Em Chennai, na Índia, uma menina de 11 anos faz um passeio com calma pelo seu bairro com a intenção de olhar para um ambiente familiar com novos olhos. Ela tira fotos e faz anotações de coisas que nunca percebeu antes. Mais tarde, ela entra em um fórum* on-line, *onde publica a história de sua caminhada. Enquanto está lá, ela navega pelas postagens de estudantes de outros países que fizeram caminhadas semelhantes e olha para seus bairros através dos olhos deles.*

Essas são histórias do olhar atento em ação. A definição de olhar atento é simples: significa simplesmente reservar um tempo para observar cuidadosamente mais do que é aparente à primeira vista. Ele acontece em cada uma dessas histórias e em qualquer lugar onde as pessoas dediquem uma quantidade generosa de tempo para observar o mundo de perto — em salas de aula, em galerias de arte, em laboratórios, na internet, em jardins residenciais e em caminhadas pela vizinhança.

Este livro é uma exploração do olhar atento como um modo de aprendizagem. A expressão "olhar atento" usa o vernáculo do visual, mas é importante enfatizar que a aprendizagem por meio da observação prolongada pode ocorrer por todos os sentidos. A maior parte dos exemplos e das ideias deste livro são sobre observação visual, mas muitos não são, e muitas vezes uso o termo "olhar" para me referir à observação sensorial de forma mais ampla. Então, por exemplo, eu poderia dizer que os alunos do nono ano na vinheta de abertura estão "olhando" para uma fechadura com as mãos e os olhos.

Seja qual for a forma sensorial que tome, o olhar atento é uma maneira de obter conhecimento sobre o mundo. Ele nos ajuda a discernir complexidades que não conseguimos assimilar rapidamente e envolve um conjunto distinto de habilidades e disposições que têm um centro de gravidade diferente daqueles envolvidos em outros modos de aprendizagem. Acredito que é também uma prática que pode ser aprendida.

Eu descobri o olhar atento quase sem querer. Trabalho como pesquisadora educacional e meu foco está no que as pessoas do meu campo às vezes chamam de "cognição de alto nível". Estou interessada em formas de pensamento que vão além dos letramentos básicos, e meus projetos de pesquisa geralmente se concentram em programas e práticas que ajudam as pessoas a aprender a pensar de forma crítica, reflexiva e criativa.

Por muitos anos, aprender pela observação não era algo em que eu pensava muito. Quando eu pensava em observação, para mim era como um meio para um fim; algo que se fazia para coletar dados, que então alimentariam processos de pensamento de nível superior, como raciocínio ou resolução de problemas. Porém, eventualmente, comecei a ver as coisas de forma diferente. Lembro-me da primeira vez que notei que minha nova capacidade perceptiva estava começando a se cristalizar. Eu estava visitando uma sala de aula do quinto ano, e era o início do dia letivo. Os alunos entravam na sala de aula fazendo muito barulho, e a professora me disse que planejava passar a próxima meia hora fazendo com que eles olhassem para uma pintura de Matisse. Eu assenti educadamente. O que eu estava realmente pensando era o seguinte: diga a um grupo de alunos do quinto ano para ficarem parados e olharem para uma pintura por 30 minutos e você terá muito rapidamente uma sala de aula cheia de crianças inquietas. Mas a professora tinha um plano. Ela usou algumas estratégias simples para ajudar os alunos a prolongarem suas observações além de um primeiro olhar, e foi incrível como elas foram eficazes. Essas eram estratégias *realmente* simples, como pedir aos alunos que fizessem uma lista de cinco coisas que haviam notado e, em seguida, que se reunissem em um círculo e fizessem observações que expandissem algo que alguém havia dito anteriormente. A prática envolvia também pedir aos alunos que se virassem para outra pessoa e fizessem dois questionamentos. A meia hora passou voando.

A cada nova rodada de observações, a professora dava aos alunos tempo de sobra para observar. O que ela não deu a eles foi um monte de informações de livros didáticos sobre a pintura. No entanto, foi impressionante o quanto os alunos aprenderam. Por exemplo, à medida que suas observações se acumulavam, eles começaram a discernir a complexidade estrutural do trabalho: a maneira como as várias formas, cores e linhas trabalhavam juntas para formar um todo. Eles também detectaram várias ambiguidades na pintura, aspectos que poderiam ser interpretados de maneiras diferentes.

A pintura era de uma sala de jantar colorida e com padrões vívidos, com uma cadeira vazia ao lado de uma mesa. Os alunos se perguntaram para quem era a cadeira. Para o artista, talvez? Eles até se imaginaram sentados na cadeira e imaginaram como seria. (Legal, eles pensaram, mas talvez um pouco claustrofóbico.) E assim por diante. Mesmo que os alunos não chegassem a um consenso sobre a interpretação "correta" da pintura (se de fato houver uma), e mesmo que não pudessem recitar informações históricas sobre o trabalho, eles claramente aprenderam muito. Além disso, o conhecimento que eles adquiriram se deve totalmente ao fato de que eles observaram a obra longamente e minuciosamente por conta própria. Nenhuma quantidade de informações externas substituiria os *insights* aos quais eles chegaram.

Após essa experiência, comecei a perceber o poder do olhar atento também em outros ambientes — dentro e fora das escolas. Fiquei fascinada com o quão intrinsecamente envolvente o olhar atento poderia ser com apenas uma pequena estrutura para sustentá-lo. Passei a vê-lo como uma forma de cognição ativa com um ciclo de *feedback* intrinsecamente gratificante: quanto mais olhamos, mais vemos; quanto mais vemos, mais engajados ficamos. Comecei a me perguntar sobre os pontos em comum nas práticas observacionais em diferentes contextos, como nas artes e humanidades, na ciência e na vida cotidiana. Procurei projetos de pesquisa com os quais eu pudesse aprender mais sobre o olhar atento e o incorporei cada vez mais ao meu próprio ensino universitário. Fiquei interessada na presença do olhar atento nas ideias históricas sobre a escolarização e na história dos museus. Fiquei curiosa sobre a conexão entre o olhar atento e a história da observação científica, e sobre a conexão entre o olhar atento e a descrição literária. Ao longo do tempo, continuei tentando entender os benefícios da aprendizagem do olhar atento e as práticas educacionais que o apoiavam.

Este livro é a história de até onde essas investigações me conduziram. Eu escrevi com os educadores em mente, e, se você está procurando ideias práticas e estratégias para usar na sala de aula, você encontrará várias delas aqui, particularmente nos primeiros e últimos capítulos. Você também encontrará alguns exercícios que o convidam a experimentar o olhar atento. Mas muitas das ideias e exemplos discutidos no livro vão muito além da sala de aula. Minha esperança é que o livro seja de interesse para qualquer um que esteja curioso sobre o olhar atento: o que ele é, como usá-lo e por que é importante.

## O *SLOW* ESTÁ NO AR

Definitivamente não estou sozinha nesse meu interesse. Uma valorização de todas as coisas lentas faz parte da cultura nos dias atuais, e parece haver uma data em que isso começou. Em 1986, um jornalista gastronômico italiano chamado Carlos Petrini organizou uma manifestação na Escadaria Espanhola, em Roma, para protestar contra a intenção de abrirem um McDonald's no local. O evento foi creditado por desencadear o movimento *slow food*, que celebra a comida local, a produção sustentável de alimentos e o desfrute lento dos prazeres tradicionais servidos à mesa. Desde então, o movimento se espalhou por todo o mundo e continua a prosperar até hoje. Ele faz parte do que parece ser um apetite crescente por "desaceleração" na cultura contemporânea. Apenas para dar um exemplo, existe o Slow Art Day ("dia de arte sem pressa", em português), um evento anual realizado em museus de todo o mundo com regras muito simples: vá a um museu de arte, olhe para cinco obras por 5 a 10 minutos cada e depois almoce com alguém e converse sobre o que viu. Há também um movimento de *slow education* ("educação lenta", em português), que contrapõe o modelo de "educação *fast-food*", voltado para entregar os chamados "pacotes de conhecimento em forma de provas". Em vez disso, a *slow education* defende a escolarização que incentiva a aprendizagem profunda e interações de qualidade entre professores e alunos.[1] Outro exemplo é o *slow journalism* ("jornalismo lento", em português), praticado por um número crescente de jornalistas que se recusam a alimentar o desejo público por informações instantâneas e, em vez disso, enfatizam mover-se lentamente pelo mundo, ouvindo atentamente suas histórias e relatando-as em um ritmo humano.

Nem todas essas tendências lentas se baseiam no *olhar* atento, mas todas envolvem ir além das primeiras impressões em direção a experiências mais imersivas e prolongadas que se desdobram lentamente ao longo do tempo. Até certo ponto, este livro faz parte dessa tendência. Mas existem algumas características do olhar atento, da maneira como eu o defino, que podem não se encaixar na tendência maior. Uma delas é que eu não acredito que o olhar atento seja necessariamente caracterizado por uma natureza silenciosa e meditativa. Como aprendi quando entrei naquela sala de aula do quinto ano, a observação prolongada pode ser uma atividade enérgica e animada. É claro que também pode ser pacífica e tranquila, e até mesmo espiritual para alguns, mas não precisa ser nenhuma dessas coisas. Volto a esse ponto em um capítulo posterior, mas o menciono agora porque quero deixar claro que me inclino para uma visão expansiva, em vez de estreita, do olhar atento; pessoas de quase todas as idades podem praticá-lo, e isso pode acontecer com diferentes humores e diferentes ritmos.

Tampouco acredito que o olhar atento seja necessariamente contra a tecnologia, mesmo que a velocidade da vida digital possa representar um desafio para essa "desaceleração". Nós vivemos na era digital. Mídias sociais imersivas, fluxos de notícias onipresentes, informações intermináveis ao toque de um dedo — todos têm o potencial de roubar nossa atenção. Mas as tecnologias digitais e a mídia também podem ser ferramentas poderosas para ajudar as pessoas a olharem atentamente para coisas que, de outra forma, poderiam ignorar. Por exemplo, graças à presença da NASA nas redes sociais, milhões de pessoas recentemente passaram um bom tempo observando fotos de cometas rochosos e estéreis enquanto eles voavam pelo espaço. Por meio de financiamento coletivo digital, milhares de pessoas agora ajudam os cientistas em suas observações cuidadosas da natureza. Pelas imagens divulgadas nas mídias que se tornaram virais, centenas de milhares de pessoas examinaram cuidadosamente as ações de figuras públicas. Nossa cultura acelerada e digitalizada pode apresentar desafios para o olhar atento, mas também oferece oportunidades.

Existem três razões principais pelas quais é importante dar atenção ao olhar atento. Essas razões podem parecer especialmente urgentes na era digital, mas não são exclusivas dela.

*1. O olhar atento é um contrapeso importante à tendência humana natural de observar rapidamente.* Na maioria das vezes, examinamos nossos ambientes visuais com rapidez, absorvendo irrefletidamente qualquer informação superficial que esteja prontamente disponível e logo seguindo em frente. Chegamos a primeiras impressões rapidamente, e elas tendem a ficar. Além disso, quando estamos nesse modo rápido, tendemos a preencher as lacunas em branco. Algumas pinceladas bem colocadas e "vemos" um rosto inteiro, assim como "entendemos" a essência de uma música ouvindo apenas parte da letra. Normalmente, o olhar rápido nos serve muito bem. Seria absurdamente inconveniente ter que olhar para as coisas repetidas vezes para reconhecê-las. A criação de sentidos intuitivamente e visualmente é necessária para nos guiarmos no nosso dia a dia com eficiência. Mas algumas coisas precisam mais do que uma olhada rápida para serem totalmente assimiladas. Quando olhamos para um mapa de uma cidade desconhecida, conseguimos rapidamente entender que é um mapa, mas precisamos estudá-lo por um tempo para fazer uso das informações que ele oferece. Muitas vezes, podemos entender a essência das coisas olhando para elas com muita rapidez, mas descobrir a complexidade delas leva tempo. Uma olhada breve para uma árvore nos diz que ela tem um tronco, galhos e folhas. Mas leva tempo para notarmos o padrão variado de líquen em sua casca, a forma irregular de sua copa e a miríade de criaturas que fazem parte de seu ecossistema.

*2. O olhar atento tende a ser subestimado na educação geral.* O trabalho mais produtivo da mente nem sempre vem de modo natural. Mudar do olhar rápido para o olhar atento encontra paralelo na maneira como os psicólogos cognitivos falam sobre a mente rápida e a mente lenta.[2] A mente rápida é caracterizada por julgamentos rápidos, intuitivos e automáticos — incluindo julgamentos feitos por meio de primeiras impressões visuais —, e é o modo de operação mais usual da mente. A mente lenta é caracterizada pelo pensamento deliberativo e cuidadoso. Suas características são o raciocínio com evidências, o pensamento analítico e a tomada de decisão cuidadosa. As recompensas do pensamento lento são enormes (considere todos os projetos da ciência moderna e da filosofia ocidental), mas desacelerar a mente e fazê-la renunciar ao julgamento intuitivo rápido em favor da deliberação lenta exige vigilância, força de vontade e treinamento.

Nos círculos educacionais, a maioria das pessoas concorda quanto ao valor de treinar a mente deliberativa. Os educadores (incluindo eu) defendem a importância de ensinar os jovens a raciocinar com evidências, analisar e avaliar argumentos com habilidade e fazer julgamentos de forma ponderada. Consideramos essas capacidades como habilidades de pensamento geral que são úteis em todos os assuntos e na vida cotidiana. Muitos currículos escolares pretendem ensinar essas habilidades essenciais, e desenvolver a capacidade de pensar criticamente é parte do que as pessoas geralmente querem dizer quando descrevem uma boa educação geral.

O ensino do olhar atento, por outro lado, tende a ser um assunto mais especializado. Um aluno do ensino médio pode ter a chance de praticar o olhar atento em uma aula de história da arte ou em um laboratório de ciências. Mas desenvolver a capacidade de observar o mundo de forma atenta geralmente não é apresentado como um objetivo educacional central. Isso é lamentável, porque o olhar atento tem a mesma aplicabilidade ampla que o pensamento lento, mas os conjuntos de habilidades são um pouco diferentes. O pensamento lento envolve analisar informações, pesar evidências e fazer inferências cuidadosas. O olhar atento, por outro lado, coloca em primeiro plano a capacidade de observar detalhes, adiar a interpretação, fazer discernimentos cuidadosos, alternar entre diferentes perspectivas, estar ciente da subjetividade e usar propositalmente uma variedade de estratégias de observação para superar as primeiras impressões. É claro que há sobreposição. Por exemplo, tanto o pensamento lento quanto o olhar atento enfatizam a capacidade de olhar para as coisas de diferentes perspectivas e buscar informações de uma variedade de fontes. Mas nenhuma área engloba completamente a outra, e dar atenção educacional a apenas uma delas não desenvolverá totalmente as capacidades na outra.

3. *Observar cuidadosamente é um valor humano compartilhado.* As pessoas discordam sobre muitas coisas, mas poucas pessoas discordam sobre o valor da observação cuidadosa. A maioria de nós entende intuitivamente que o mundo é um lugar complexo e que, muitas vezes, nos apressamos em fazer julgamentos sobre como resolver ou desembaraçar suas complexidades um pouco rápido demais. O olhar atento é uma resposta saudável à complexidade porque cria um espaço para que as múltiplas dimensões das coisas sejam percebidas e apreciadas. Mas é uma resposta que, embora enraizada no instinto natural, requer intenção para se sustentar. É mais fácil falar do que fazer. Muitas vezes, os momentos mais importantes para desacelerar e observar com cuidado também são os mais difíceis: desacordos políticos, disputas pessoais, valores conflitantes — tudo tem a ver com crenças conflitantes sobre como as coisas são ou deveriam ser. O conflito é, muitas vezes, um sintoma de complexidade, um sinal de que há mais nas coisas do que parece haver. Imagine uma educação que nos treina para reconhecer o conflito como um momento para examinar a complexidade, em vez de um momento para descartá-la.

Um argumento-chave deste livro é que o olhar atento é, em grande parte, uma capacidade *aprendida*. O problema não está exatamente no fato de as pessoas não acreditarem em sua importância; é que elas não foram ajudadas a desenvolver as habilidades e as disposições para usá-la. A educação ocidental contemporânea enfatiza o papel do pensamento racional e crítico na busca do conhecimento. O olhar atento pode não ser normalmente identificado como um valor educacional central, mas sua contribuição para o pensamento crítico é fundamental. Antes de podermos decidir o que é verdadeiro e certo, é importante simplesmente olharmos com atenção para o que está na nossa frente.

## NOTAS

1. Ver, por exemplo, SLOW MOVEMENT. *Slow schools and slow education:* bridging the gap between academia and life. c2014. Disponível em: http://www.slowmovement.com/slow_schools.php. Acesso em: 18 fev. 2024.
2. Para uma revisão mais abrangente deste trabalho, ver KAHNEMAN, D. *Rápido e devagar:* duas formas de pensar. Rio de Janeiro: Objetiva, 2011.

# ESTRATÉGIAS PARA OLHAR

A oportunidade de utilizar o olhar atento está em toda parte. Ela está, por exemplo, no trabalho de especialistas, como na observação científica sistemática que faz parte do estudo da biologia, mas também é uma prática comum na vida cotidiana — é algo que fazemos quando dedicamos tempo para examinar cuidadosamente uma pintura em um museu, uma fotografia de família ou um inseto na calçada, por exemplo. A prática do olhar atento não está reservada para um grupo seleto, mas, muitas vezes, precisamos fazer um uso intencional de estratégias de observação para podermos orientar e focar nossa visão. Se você alguma vez já usou um guia para observar pássaros em seu quintal, definiu um cronograma para observar sistematicamente as mudanças em um jardim ao longo do tempo ou intencionalmente suavizou seu olhar para ver uma pintura sob uma nova luz, você já usou estratégias de observação, que funcionam dando à nossa visão diversos tipos de estruturas e expectativas.

Especialistas em diferentes áreas observam atentamente coisas muito distintas. Antropólogos forenses examinam cada detalhe dos esqueletos. Marinheiros observam os padrões do vento e das ondas. Psicólogos observam padrões de comportamento humano. Educadores observam os sinais de aprendizagem dos alunos. Embora as coisas que cada um analisa possam variar, as estratégias básicas que os especialistas usam para fazer observações são surpreendentemente semelhantes mesmo em diferentes disciplinas. Além disso, as estratégias em si são muito simples: qualquer um pode aprender a usá-las, e elas podem ser vistas em funcionamento em todos os tipos de empreendimentos humanos. Este capítulo analisa quatro dessas estratégias gerais de observação, extraindo exemplos da ciência, da arte e da vida cotidiana.

## CATEGORIAS PARA GUIAR A VISÃO

É uma tarde chuvosa de sábado, e o *hall* de entrada do museu de arte ecoa conversas enquanto os visitantes sacodem guarda-chuvas e fazem fila para comprar ingressos. Em um canto do salão, um grupo de pessoas se reúne sob uma placa.

A visita guiada aberta ao público começa aqui às 14h

Olhar atento

Todos são bem-vindos

Em seguida, a guia do museu chega. Ela se apresenta ao grupo, troca algumas palavras com ele e então conduz os visitantes por um corredor até entrar em uma grande galeria, de pé-direito alto, cheia de pinturas americanas do século XIX. Ela faz uma pausa para dar às pessoas um momento para elas mergulharem no espaço e, em seguida, as reúne em torno de uma grande pintura de uma paisagem marítima.

Os visitantes olham para a pintura por um momento, depois olham para a placa na parede ao lado. Então eles olham para a guia com expectativa, esperando para ouvir o que ela tem a dizer. Em vez de iniciar uma explicação, a guia diz: "Vamos começar apenas olhando para a pintura e percebendo suas características. Tenho três perguntas para vocês: que cores vocês veem? Que formas vocês veem? Que linhas vocês veem? Vamos começar com as cores".

### EXPERIMENTE

**Cor, forma, linha**

Use essa estratégia com uma imagem artística, ao olhar para a natureza, com uma paisagem urbana ou com qualquer ambiente em que você esteja agora.

Que cores você vê?

Descreva várias.

Que formas você vê?

Descreva várias.

Que linhas você vê?

Descreva várias.

Faça isso sozinho ou faça com alguém e compartilhe suas observações.

O grupo fica quieto por um momento, até que alguém fala:

> "Eu vejo um céu cinzento."
> "Vejo nuvens brancas, atravessadas por tons de cinza e violeta", diz outra pessoa.
> "Há um brilho amarelo pálido no canto superior direito da pintura", diz outro visitante. "Parece que o sol está tentando passar."

Logo, todos estão apontando para cores no céu. Eventualmente, a atenção das pessoas desce para a metade inferior da pintura, e elas começam a descrever a cor do mar. No início, elas a descrevem como azul ou verde-azulado, mas alguém aponta para uma faixa de roxo com tons prateados e, de repente, os visitantes começam a ver uma variedade de tons na água que não tinham visto no início. Alguém observa que a cor da água está refletindo a cor do céu, e os olhos das pessoas se voltam novamente para o céu na pintura, dessa vez percebendo sutilezas de coloração que não haviam notado antes.

Para extrair essas observações, a guia do museu está usando a estratégia de observação mais comum: o uso de categorias para guiar a visão. Em sua forma mais ampla, essa estratégia atua instruindo nossa visão a procurar certos tipos de coisas. A guia do museu usa as categorias cor, forma e linha. Em outras áreas, as categorias podem ser bem diferentes. Por exemplo, os médicos usam categorias para ajudá-los a reconhecer sintomas típicos de doenças (cor da pele, odor do hálito). Os arqueólogos usam categorias para ajudar a concentrar sua atenção em conjuntos específicos de características em uma paisagem que podem indicar a presença de artefatos enterrados (concavidades, cumes). Os detetives que investigam furtos de casas procuram tipos específicos de pistas para ajudá-los a identificar o ladrão (marcas de ferramentas, pegadas, fibras).

As categorias variam muito entre diferentes contextos, mas o propósito básico delas é o mesmo: elas funcionam como uma lente para focar seletivamente o fluxo de percepção em certas características. Elas operam em um nível consciente e inconsciente, e é impossível imaginar a cognição humana sem elas. As categorias estão em ação nas expectativas, nos propósitos e nas suposições que trazemos para qualquer experiência, nos permitindo "enxergar" certas coisas em vez de outras. Por exemplo, quando os visitantes do museu entraram na galeria de pinturas do século XIX, eles esperavam ver pinturas, e foi exatamente isso o que eles notaram. Eles provavelmente também notaram os bancos de madeira no meio da galeria, já que tiveram que passar por eles. Mas eles estavam focados principalmente na arte nas paredes. Alguns visitantes também podem ter notado a cor das paredes (um bege cremoso), e talvez alguns deles tenham notado detalhes como os sinais de saída e a madeira arranhada do chão. Mas provavelmente ninguém notou a forma das luminárias no alto do teto, ou as partículas de poeira nos cantos da galeria, ou mesmo o ritmo dos passos de um guarda do museu enquanto ele caminhava lentamente ao redor do recinto.

Levante os olhos desta página por um momento e olhe para o que está à sua frente. Você pode achar que consegue contar o número de coisas que vê. Mas com milhões, ou mesmo bilhões de estímulos visuais inundando nossos olhos o tempo todo, é impossível para a mente processar conscientemente todas as informações visuais que surgem em nosso caminho. É essencial termos um mecanismo de filtragem. Caso contrário, não conseguiríamos atravessar a sala de nossa casa sem ficarmos sobrecarregados. Mas assim como dependemos da filtragem inconsciente cotidiana da mente, também podemos conscientemente sobrepô-la com as estratégias de categorização, para direcionar o fluxo de nossa atenção para coisas que, de outra forma, poderíamos ignorar. Por exemplo, a guia do museu poderia facilmente pedir aos visitantes que intencionalmente *tentassem* perceber a cor das paredes, ou das roupas de outras pessoas na galeria, ou a qualidade da luz do local, ou qualquer outra coisa. Mas essa mudança de foco de atenção teria um preço: ao olhar para essas coisas, os visitantes provavelmente estariam prestando muito menos atenção às pinturas.

A questão é que não podemos estar cientes de tudo o que vemos (embora, como discutirei daqui a pouco, possa haver um benefício estratégico em tentarmos). A atenção seletiva é uma força poderosa. Podemos selecionar o que escolhemos olhar, mas isso necessariamente nos cega para outras coisas. Uma coisa que pode alterar esse sistema é a surpresa. Quando algo surpreendente entra em nosso campo de visão, muitas vezes temos a sensação de que é a única coisa para a qual conseguimos olhar. Nesse caso, não precisamos mudar nossas expectativas para discernir essa coisa. Por exemplo, certamente nossos visitantes do museu notariam se um palhaço com pernas de pau entrasse na galeria, mesmo que estivessem focados em olhar para as pinturas. Ou será que não? Isso pode depender de quão intensamente eles estivessem observando as cores, formas e linhas.

Às vezes, nosso olhar está tão fixo em observar um certo tipo de coisa que podemos ficar incrivelmente cegos para coisas fora do nosso foco de atenção. Um exemplo dramático disso vem do trabalho do cientista cognitivo Daniel Simons e de seu colega Christopher Chabris. Há alguns anos, Simons vestiu uma fantasia de gorila, e os dois psicólogos conduziram um experimento que se tornou uma sensação. Ele funcionou da seguinte maneira: os participantes são convidados a assistir a um pequeno vídeo de seis pessoas passando bolas de basquete umas para as outras. Três pessoas estão usando camisas pretas e três estão usando camisas brancas. A tarefa é contar o número de passes que as pessoas de camisa branca fazem. No vídeo há muita movimentação e muitos passes acontecendo, e é preciso alguma concentração para acompanhar as pessoas de camisa branca (dica: categoria). No meio do vídeo, um gorila entra perambulando no meio das pessoas. Ele faz uma pausa para encarar a câmera, bate no peito e depois sai da tela. Incrivelmente, quando o experimento foi conduzido pela primeira vez na Universidade de Harvard, em 1999 (antes que o vídeo se tornasse viral), metade dos espectadores que estavam focados na tarefa de contagem não conseguiram ver o gorila.[1]

As categorias que usamos para concentrar nossa atenção moldam profundamente o que vemos. Elas também moldam o que pensamos. Considere as categorias que a guia do museu escolheu. Cor, forma e linha são elementos formais de uma pintura. Embora a especificidade dessas categorias pareça realizar um bom trabalho ao fazer com que os visitantes desacelerem e observem as obras com atenção, sua seletividade também comunica ideias sobre valor e importância. Então, essas são as categorias "certas" para usar quando observamos arte? É uma boa pergunta a fazer, mesmo que não haja uma resposta certa. Por exemplo, um teórico da arte formalista pode argumentar que a estratégia da guia do museu é inadequada porque não orienta o olhar para outras características formais importantes da pintura, como escala e proporção, ou a organização geométrica da tela. Outro estudioso pode argumentar que uma estratégia para olhar atentamente para a arte não deve começar enfatizando elementos formais, mas sim direcionar a atenção das pessoas para a história que a pintura está tentando contar. Um terceiro estudioso pode argumentar que o que é importante é olhar para características no trabalho que mostrem a influência cultural do tempo e do contexto social em que a pintura foi feita.

Os debates sobre quais sistemas de categorias devem orientar a observação nem sempre são resolvidos facilmente. Às vezes, sequer são resolvidos. Mas, ocasionalmente, um conjunto de categorias impulsiona a prática observacional tão rapidamente em um campo que acaba se tornando uma prática-padrão. Voltando à ciência, um bom exemplo vem do trabalho de Joseph Grinnell, o primeiro diretor do Museu de Zoologia de Vertebrados da Universidade da Califórnia, em Berkeley, e um dos desenvolvedores da ideia do "nicho ecológico". Em seu treinamento inicial como ornitólogo no final do século XIX, Grinnell viajou muito para observar pássaros e outros animais em seus hábitats naturais e registrou suas observações em notas de campo. Seguindo as convenções de anotações da época, suas anotações consistiam em longas listas que registravam os nomes das espécies e o número de aves vistas, mas não muito mais. Embora essa fosse uma prática-padrão no campo, Grinnell percebeu que limitar o escopo de suas notas de campo a duas categorias, espécies e número, desencorajava os observadores a prestarem mais atenção a outras características importantes, como clima e hábitat. Assim, Grinnell desenvolveu um sistema mais rigoroso que exigia anotações em várias categorias. O sistema, que ele exigia que seus assistentes usassem escrupulosamente, possibilitou a coleta de dados ambientais muito mais ricos do que os coletados anteriormente, e seu método é frequentemente creditado por alimentar o enorme crescimento da pesquisa de campo ambiental nos Estados Unidos da América (EUA) no início do século XX. Mais de um século depois, o "método grinnelliano" ainda é uma prática-padrão para muitos naturalistas.

## INVENTÁRIOS ABERTOS

As notas de campo de Grinnell foram preservadas e disponibilizadas para estudo pelo Museu de Zoologia de Vertebrados da Universidade da Califórnia, em Berkeley. A acadêmica Cathryn Carson as examinou de perto e notou uma mudança interessante nelas ao longo do tempo.[2] Ela observou que, quando Grinnell estabeleceu seu método pela primeira vez, ele o seguiu com muito rigor. Ao longo dos anos, no entanto, suas anotações se tornaram mais relaxadas para incluir extensas descrições subjetivas e observações gerais. Como um cientista maduro, Grinnell passou a acreditar que era impossível saber com antecedência o que seria importante para a ciência no futuro, e suas notas posteriores refletem isso. Embora ele sempre exigisse que seus assistentes aderissem estritamente ao sistema de anotações que ele desenvolveu, em anos posteriores, ele expandiu o sistema para exigir páginas extras para fazer observações aparentemente sem importância. Em outras palavras, sua técnica era a seguinte: usar um conjunto de categorias para procurar minuciosamente certos tipos de coisas e, em seguida, anotar tudo mais que a pessoa visse, apenas por precaução. Sua intuição estava certa: hoje os cientistas estão examinando as anotações de Grinnell e seus associados em busca de pistas sobre as mudanças climáticas contemporâneas, algo que Grinnell não poderia ter antecipado.

As estratégias de observação são *heurísticas* — isto é, são princípios básicos a serem aplicados quando forem úteis e deixados de lado quando não forem. Como observadores de fenômenos científicos, os conhecedores de arte entendem bem isso. Janos Scholz era um renomado violoncelista do século XX que era quase tão famoso por colecionar arte quanto por ser músico. Grande parte de sua coleção de desenhos italianos agora pode ser encontrada na Biblioteca Morgan, em Nova York, e a maior parte do resto de sua vasta coleção de fotografias, gravuras e desenhos está espalhada por conhecidos museus nos EUA. Conhecido por seu olho de especialista, Scholz escreveu sobre como observar a qualidade em uma obra de arte. Como nossa guia do museu, Scholz enfatizou o uso de categorias, escrevendo: "A experiência ensinará o conhecedor a estabelecer uma rotina para examinar vários componentes, como espontaneidade da linha, imitação da substância, sensação de profundidade visual [...]". Mas ele insiste que igualmente importante é "dividir a visão", "olhar sempre para tudo no todo! Esta é uma regra fundamental, básica e sagrada para o conhecedor-curador".[3] A abordagem de Scholz é semelhante à de Grinnell: usar categorias para procurar cuidadosamente certos tipos de características e, em seguida, ir além delas para notar tudo no todo.

É claro que é impossível ver "tudo em todos os lugares" em qualquer sentido objetivo. Mas o que as histórias de Scholz e Grinnell ilustram é que bons observadores tentam notar o máximo que conseguirem, da maneira que conseguirem. O conselho de Sholz de ver "tudo em todos os lugares" capta o espírito de uma segunda estratégia de observação geral usada quase tão amplamente quanto as categorias: a criação de *inventários abertos*.

Um inventário é uma lista detalhada que visa a registrar todos os itens de um determinado tipo ou em um determinado local. Os naturalistas fazem inventários de flora e fauna; as empresas fazem inventários de mercadorias. As enciclopédias são uma espécie de inventário, porque visam a representar de forma abrangente todos os aspectos ou instâncias de um determinado tipo de coisa. Os inventários enciclopédicos podem ser restritos em escopo, como uma contagem de espécies de corujas em uma área delimitada ou uma enciclopédia de movimentos de xadrez. Eles também podem ser incrivelmente amplos, como na *Enciclopédia da Vida*, uma iniciativa *on-line* com o objetivo de criar um inventário digital de todas as formas de vida na Terra.[4] Muitas vezes, as entradas em uma enciclopédia se encaixam facilmente em uma única categoria (aberturas de xadrez, formas de vida), mas às vezes não. E é esse último tipo de inventário que a expressão "inventário aberto" tem a intenção de capturar. Considere a *Enciclopédia Britânica*, que originalmente visava a representar toda a gama do conhecimento humano. Na edição impressa (diferentemente da versão *on-line*), as entradas são organizadas em ordem alfabética. Isso dá uma aura de ordem a ela, mas a ordem alfabética é simplesmente uma forma conveniente de apresentar um conteúdo extremamente heterogêneo. Se abrirmos nas páginas da letra "R", poderemos encontrar as entradas "Rutabaga", "Religião" e "Rotas romanas".

Como estratégia de observação, o inventário aberto evita categorias em favor de fazer um inventário enciclopédico de todas as características observáveis. Seu objetivo é capturar o rico e muitas vezes desafiador amontoado de características que compõem um todo, e ele cultiva um tipo diferente de percepção distintiva em vez do uso de categorias. As categorias nos ajudam a fazer distinções perceptivas, direcionando nossa atenção para certas características de algo que o tornam parte de um conjunto — a maneira como

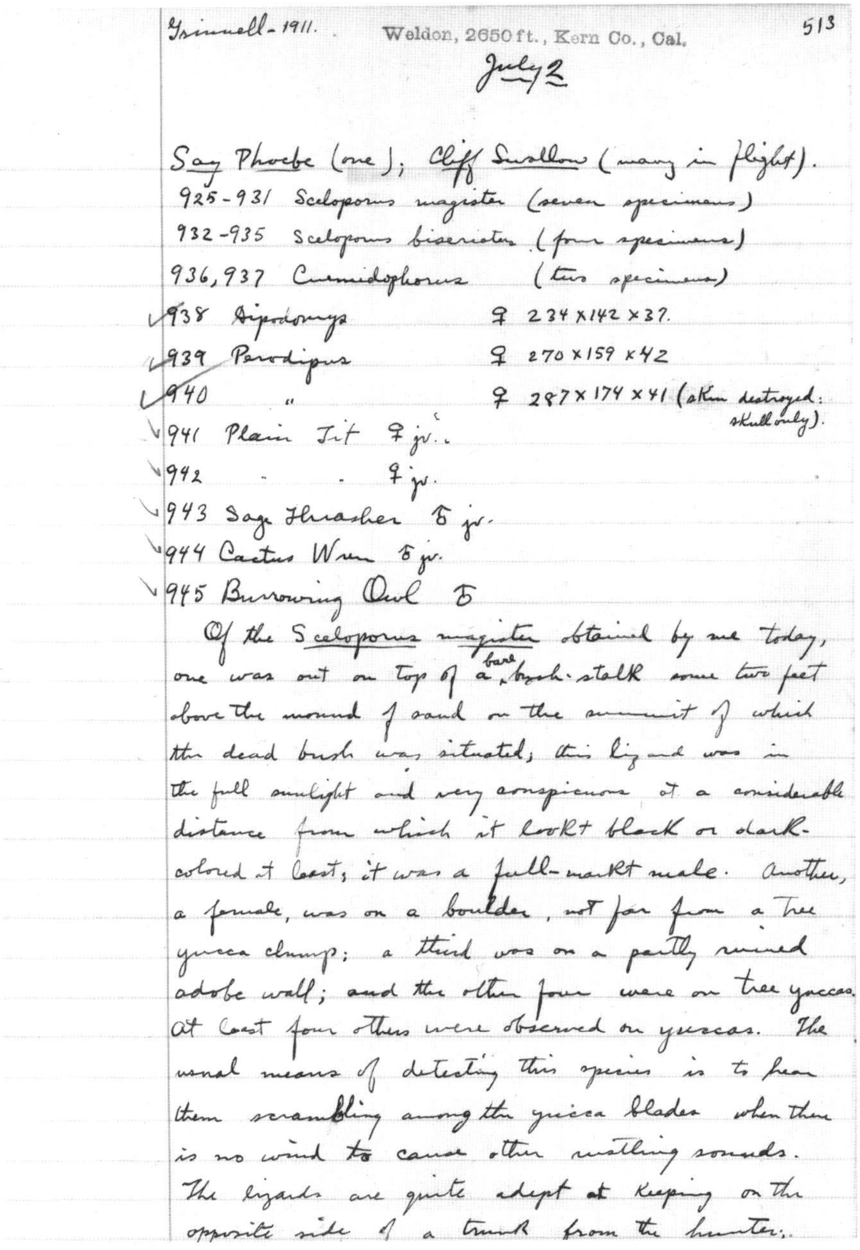
Grinnell-1911. Weldon, 2650 ft., Kern Co., Cal. 513

July 2

Say Phoebe (one); Cliff Swallow (many in flight).

925-931 Sceloporus magister (seven specimens)

932-935 Sceloporus biseriatus (four specimens)

936, 937 Cnemidophorus (two specimens)

938 Dipodomys ♀ 234 × 142 × 37.

939 Perodipus ♀ 270 × 159 × 42

940 " ♀ 287 × 174 × 41 (skin destroyed: skull only).

941 Plain Tit ♀ jv.

942 " ♀ jv.

943 Sage Thrasher ♂ jv.

944 Cactus Wren ♂ jv.

945 Burrowing Owl ♂

Of the Sceloporus magister obtained by me today, one was out on top of a bare bush-stalk some two feet above the mound of sand on the summit of which the dead bush was situated; this lizard was in the full sunlight and very conspicuous at a considerable distance from which it lookt black or dark-colored at least; it was a full-markt male. Another, a female, was on a boulder, not far from a tree yucca clump; a third was on a partly ruined adobe wall; and the other four were on tree yuccas. At least four others were observed on yuccas. The usual means of detecting this species is to hear them scrambling among the yucca blades when there is no wind to cause other rustling sounds. The lizards are quite adept at keeping on the opposite side of a trunk from the hunter.

**FIGURA 2.1** Página das notas de campo de Joseph Grinnell, 2 de julho de 1911.

*Fonte:* Com a permissão do Museu de Zoologia de Vertebrados da Universidade da Califórnia, em Berkeley.

um círculo faz parte do conjunto de formas em uma pintura, por exemplo. Compilar um inventário aberto de características chama nossa atenção para a particularidade de cada característica individual em si e, no fim das contas, para a complexa combinação de características díspares em um todo maior.

Como é o inventário aberto na prática? Vamos voltar ao nosso passeio pelo museu. Depois de os visitantes passarem muito tempo observando a paisagem marítima, a guia do museu os leva a outra pintura na galeria. A pintura mostra uma cena pastoral de terras agrícolas e colinas onduladas com algumas fazendas. "Desta vez, vamos fazer algo diferente", ela diz. "Deem uma olhada nesta pintura. Vamos fazer uma lista de tudo o que vemos." Os visitantes mergulham de cabeça.

> "Vejo uma casa", começa um dos visitantes.
> "Vejo pessoas trabalhando nos campos."
> "Vejo uma fazenda."
> "Vejo nuvens fofas."
> "Vejo um dia quente; as pessoas estão sem casacos e parece que estão com calor."
> "Vejo muito branco em todos os lugares."
> "Vejo alguém — um fazendeiro? — que parece triste."
> "Vejo uma moldura."
> "Vejo uma moldura muito ornamentada; é dourada, com muitos detalhes extravagantes."
> "Vejo a assinatura do artista na parte inferior."

A lista continua a crescer à medida que os visitantes percebem mais e mais características do trabalho. Suas observações variam muito em tipo. Algumas são sobre as características formais da pintura (a brancura das nuvens, os padrões geométricos das plantações nas terras agrícolas). Algumas são sobre as sensações na pintura (o calor do sol, a tristeza de um rosto). Algumas são sobre a história que a pintura parece estar contando. Algumas são até sobre a moldura da pintura e a assinatura do artista. Embora as observações dos visitantes não se dividam perfeitamente em categorias, o inventário geral que elas criam coletivamente captura algo da complexidade da pintura — as múltiplas maneiras de interação pelas quais o trabalho se torna vívido e significativo.

**EXPERIMENTE**

**Olhar 10 × 2**

1. Observe uma imagem ou um objeto atentamente por pelo menos 30 segundos. Deixe seus olhos vagarem.
2. Liste 10 palavras ou frases sobre qualquer coisa que você notar.
3. Repita os passos 1 e 2: olhe novamente e adicione mais 10 palavras ou frases à sua lista.

Muito importante para o processo de inventário é o fato de que os visitantes estão *descrevendo* o que veem. A descrição é um ato contínuo de observação, não apenas um relatório ordenado de um estado mental interno anterior. Quando os visitantes colocam sua observação em palavras, isso literalmente os ajuda a enxergar a pintura, porque as palavras disponíveis para descrever o que vemos dão forma às nossas percepções. Na verdade, para ser mais precisa, não são apenas as palavras que moldam o que vemos, mas qualquer forma de representação simbólica. Os visitantes podem estar esboçando suas observações, ou expressando-as por meio de gestos, ou mesmo sons. Não importa qual seja o meio, a forma como eles comunicam suas observações faz parte do ato de ver.

Esse tópico — a questão de como nossos modos de comunicação influenciam o que vemos — é o elefante na sala para um livro sobre o olhar atento. Não há como escapar: toda descrição humana é subjetiva enquanto for uma pessoa que estiver descrevendo. Existem várias questões e dúvidas interessantes sobre a relação entre subjetividade e olhar atento. Mais adiante, nos Capítulos 7 e 8, vamos dar uma olhada em algumas dessas questões. Por enquanto, quero simplesmente apontar para o fato de que descrever as observações para outras pessoas é uma parte importante da experiência dos visitantes do museu.

Outra característica importante da experiência dos visitantes é que suas muitas observações diversas se fundem em um todo que é maior do que a soma de suas partes. O inventário geral que os visitantes criam é *evocativo* para eles: ele evoca uma sensação de riqueza e complexidade da pintura de uma forma que qualquer observação única não consegue fazer, e sua totalidade comunica uma sensação de imediatismo e escopo.

A evocatividade é o *modus operandi* da poesia, e os poetas frequentemente usam o inventário como uma poderosa técnica descritiva. Poucos poetas amam uma boa lista tanto quanto Walt Whitman. Aqui estão algumas linhas da estrofe 8 de seu famoso poema "Canção de mim mesmo":

> O blablablá das ruas... Rodas de carros e o baque das botas e papos dos pedestres,
> O ônibus pesado, o cobrador de polegar interrogativo, o tinir das ferraduras dos cavalos no chão de granito.
> O carnaval de trenós, o retinir de piadas berradas e guerras de bolas de neve;
> Os gritos de urra aos preferidos do povo... O tumulto da multidão furiosa.[5]

O inventário de Whitman de uma cena de inverno patina entre as categorias. A justaposição incongruente dos "sons da calçada", dos "papos dos homens" e do "polegar interrogativo" do motorista reforça a particularidade de cada característica, enquanto a profusão de percepções como um todo transmite a complexidade de um mundo que é confuso, mas não aleatório.

Nas artes, uma sensação de conexão confusa é o resultado de um bom inventário aberto, justamente por ser algo tão evocativo e que se move facilmente entre diferentes categorias. Podemos ver isso nas observações abrangentes dos visitantes do museu, bem como nos versos de Whitman. Articulando essa sensibilidade em seu poema *Windsor-Forest*, Alexander Pope descreve a confusão de elementos selvagens em uma cena na floresta e observa como eles se encaixam:

> Não é como o caos, conturbado e difuso,
> Mas como o mundo, harmoniosamente confuso.

As categorias gostam da ordem. Os inventários podem ser lindamente, harmoniosamente confusos. Como os poetas, muitos artistas visuais também gostam de confusões harmoniosas. Tomando um exemplo familiar, as chamadas pinturas de "cena camponesa" do artista holandês Pieter Bruegel, do século XVI, oferecem inventários visuais exuberantes de uma ampla gama de atividades da vida em uma aldeia em um único momento.

Inventários abertos geralmente são como colagens, e artistas familiarizados com essa estratégia às vezes usam a colagem como um meio. Obras como *The dove*, de Romare Bearden, usam colagem para retratar uma profusão de imagens e atividades que capturam o imediatismo de uma cena urbana de rua. (Uma versão colorida desse trabalho pode ser facilmente encontrada *on-line*. Encorajo você a dar uma olhada. Voltaremos a essa obra no Capítulo 8 e dedicaremos mais tempo a ela.)

A série *Combines*, de Robert Rauschenberg, que utiliza objetos encontrados, leva a colagem para as três dimensões e se parece com um inventário na forma como combina vários elementos distintos para criar uma sensação de imediatismo. Com um uso duplo da estratégia, a série passa uma sensação de conexão confusa e é em si mesma um exemplo físico de inventário aberto, composto por objetos descontroladamente díspares, como uma cabra de pelúcia, um pneu, imagens impressas, manchas de tinta e pedaços de madeira velha.

**FIGURA 2.2** Romare Bearden. *The dove*. 1964.
*Fonte:* Arte © Romare Bearden Foundation, Inc./Licenciado por VAGA, Nova York, NY. Imagem digital © The Museum of Modern Art/Licenciado por SCALA/Art Resource, NY.

A maioria dos exemplos neste capítulo se concentra na percepção visual, já que é o modo de observação com o qual estou mais familiarizada. Mas os amplos princípios e técnicas discutidos aqui também se aplicam a outros sentidos, como tato, audição, olfato e até paladar. Essa é uma das partes mais importantes da estratégia de inventário aberto, uma estratégia de observação que enfatiza a coleta de percepções de "tudo em todos os lugares". Por exemplo, um guarda florestal que conheço leva grupos de crianças em idade escolar a um pântano no Parque Nacional de Everglades, na Flórida, e faz com que elas usem uma versão auditiva da estratégia Olhar 10 × 2, descrita nas páginas anteriores. Primeiramente, elas fecham os olhos e ouvem 10 sons diferentes; então elas compartilham o que ouviram umas com as outras, parando para ouvir os vários zumbidos, gemidos, assobios, batidas e respingos que cada uma delas menciona. Então elas repetem o ciclo, sempre se surpreendendo ao descobrir o quanto mais há para ouvir na segunda vez.

No que diz respeito aos sentidos, o inventário aberto não é necessariamente apenas uma questão de capturar todas as impressões que nossos sentidos transmitem, mas também de incluir técnicas para melhorar nossa consciência física. Um repositório de sabedoria para a observação multissensorial está presente nas técnicas que as pessoas usam para rastrear animais, um esforço humano que depende muito do olhar atento. Suponha que você é um fotógrafo de vida selvagem, movendo-se cuidadosa e silenciosamente pela floresta, tentando detectar sinais de vida selvagem. Aqui está uma dica do *Outdoor action guide to nature observation & stalking*, da Princeton University: "Varie intencionalmente sua consciência sensorial. Varie sua visão. Preste atenção ao seu ambiente de forma intermitente. Mude seu foco [...] Mude a sua atenção entre seus vários sentidos — visão, audição, olfato, tato e paladar".[6]

Voltando à visão, outra técnica de inventário aberto extraída do rastreamento de animais, a visão espalhada, é considerada por guias da natureza como a melhor maneira de detectar movimentos sutis no ambiente natural. Também usada pela polícia para escanear o movimento em multidões, a visão espalhada envolve deixar sua visão "se espalhar" com um foco suave sobre uma ampla faixa de seu campo de visão, sem se concentrar em nada em particular. Embora as coisas pareçam confusas, o olho é surpreendentemente sensível ao movimento nesse modo; uma vez que detectamos algum movimento, como folhas se espalhando quando um pássaro voa, ou se amassando quando um pequeno animal passa por cima delas, conseguimos rapidamente nos concentrar nele.[6]

As duas estratégias gerais que temos explorado até agora, categorizar e fazer inventários abertos, são, de longe, as estratégias mais amplamente utilizadas para a observação atenta. Práticas que envolvem focar a visão em certos tipos de coisas (categorias) e práticas que envolvem lançar uma ampla rede para capturar uma série de observações (inventário aberto) podem ser encontradas no trabalho em qualquer campo de estudo ou em qualquer empreendimento humano que envolva observação empírica. Além disso, elas são complementares: a força de cada estratégia serve como uma espécie de corretivo para a fraqueza da outra. O que as torna estratégias para o olhar atento é que elas nos dão uma estrutura para ir além de uma olhada rápida, a fim de prolongar e aprofundar a observação.

## EXPERIMENTE

### Visão espalhada

Experimente essa prática ao ar livre, em um ambiente na natureza: uma floresta, um parque ou talvez o seu próprio quintal.

- Olhe para o horizonte e suavize seu olhar. Mantenha os braços esticados para os dois lados e comece a mexer os dedos. Traga gradualmente os braços para a frente até que você consiga detectar um primeiro movimento com seus olhos. Esse é o seu campo de visão lateral.
- Agora coloque um braço para cima e outro para baixo. Novamente movimente gradualmente os braços, dessa vez verticalmente. Esse é o seu campo de visão vertical.
- Agora descanse os braços ao seu lado, mantenha os olhos relaxados e fique parado. Veja quais movimentos fora do comum no ambiente você consegue perceber.

Duas estratégias de observação adicionais e amplamente utilizadas também merecem menção. Na verdade, elas são tão bem conhecidas pela maioria de nós que nem parecem estratégias, mas rotulá-las como tal ajuda a separá-las do fluxo da cognição e as torna mais disponíveis para estudo e uso intencional. A primeira é a estratégia de *escala e escopo*.

## ESCALA E ESCOPO

Essa estratégia, que tem a ver com o ajuste da perspectiva física, tende a funcionar ao lado das estratégias de categorização e inventário aberto, e não em contraste com elas. Fazer ajustes de escala e escopo é uma prática tão comum que dificilmente pensamos nisso como estratégico, mas funciona como uma estratégia para o olhar atento, fornecendo técnicas para focarmos nossa visão e prolongarmos observações.

As técnicas de escala e escopo envolvem alterar nossa distância das coisas ou ajustar nossa amplitude de visão a fim de realçar certas características. Instrumentos como câmeras, microscópios e telescópios podem desempenhar um papel nessa estratégia, embora nossos corpos sozinhos muitas vezes sejam o suficiente — por exemplo, quando simplesmente nos movemos para perto de algo ou nos afastamos para obtermos uma nova perspectiva física.

O advento do microscópio e, posteriormente, o da microfotografia forneceram ferramentas poderosas para a visualização em *close-up*, uma estratégia clássica de escala e escopo. Em uma adorável combinação de observação prolongada, evanescência e engenhosidade, um homem chamado Wilson Bentley fez disso a obra da vida dele. Conhecido como "o homem do floco de neve", ele nasceu em 1865 na pequena cidade de Jericho, em Vermont (EUA), onde viveu e trabalhou toda a sua vida como agricultor e cientista. Quando era novo, ele ficou fascinado com a estrutura cristalina dos flocos de neve e, eventualmente, desenvolveu um método sofisticado para estudá-los que combinava um microscópio com uma câmera. Sua técnica era capturar um floco de neve em uma superfície de veludo gelada, fotografá-lo cuidadosamente em um frio galpão em seu quintal, usando equipamentos que ele havia projetado especialmente para serem usados com suas mãos aquecidas por luvas, e, em seguida, processar a fotografia de forma a trazer o floco de neve branco contra um fundo escuro. Ao longo de sua vida, ele produziu mais de cinco mil imagens de flocos de neve e fez muitas descobertas originais sobre sua estrutura cristalina.

Bentley também estava interessado na beleza dos flocos de neve, que ele frequentemente enfatizava em palestras públicas sobre seu trabalho, e via suas fotografias como artísticas e científicas. Artistas também usam estratégias de escala e escopo para olhar atenta e cuidadosamente para o mundo e, por meio de suas obras, nos incentivam a fazer o mesmo. Por exemplo,

**FIGURA 2.3** Wilson Bentley. Placa XIX de *Estudos sobre os cristais de neve*. De *Annual Summary of the Monthly Weather Review*. 1902.
*Fonte:* National Oceanic & Atmospheric Administration (NOAA).

a artista contemporânea Vija Celmins usa uma escala de *close-up* juntamente com escopo estreito em suas imagens incrivelmente detalhadas da superfície das ondas, chamando a atenção para a geometria fluida da água em movimento.

**FIGURA 2.4** Vija Celmins. *Sem título (Oceano)*. 1970. Grafite em fundo acrílico sobre papel, 36 × 48 cm.
*Fonte:* Coleção do Museum of Modern Art, New York.

Em sua conhecida obra *A Terra vista do céu*, o fotógrafo Yves Arthus-Bertrand tira fotos amplas de cima da Terra que chamam a atenção para padrões pictóricos de topografia indiscerníveis ao nível do solo.

Um dos meus exemplos favoritos vem do trabalho do artista Chuck Close. Ele pinta retratos superdimensionados, aparentemente pixelados, compostos de formas dentro de formas que inteligentemente exigem que os espectadores façam seus próprios ajustes físicos de escala: é preciso ficar a uma certa distância da pintura para colocar o tema geral dela em foco e ficar perto dela para ver como as formas individuais compõem um todo. (Uma versão colorida desse trabalho pode ser facilmente encontrada *on-line*. Encorajo você a dar uma olhada.)

Como nossa guia do museu pode usar estratégias de escala e escopo com os visitantes? A coisa mais direta que ela pode fazer é incentivá-los a mudar sua perspectiva física. Por exemplo, ela poderia pedir que eles se sentassem ou se deitassem no chão e olhassem para uma escultura. Ou ela poderia pedir

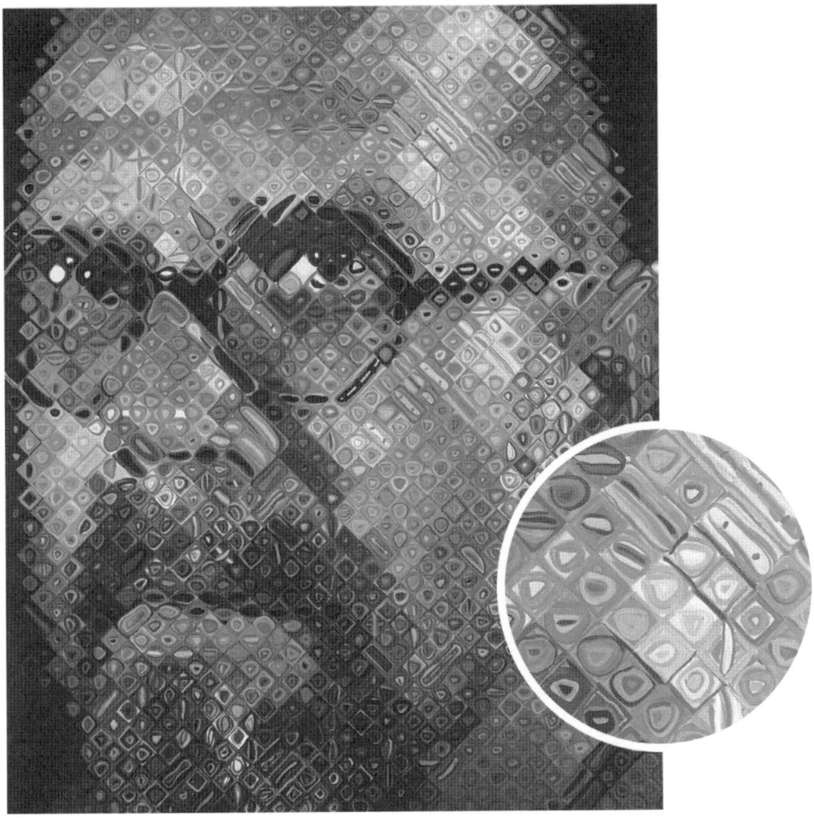

**FIGURA 2.5** Chuck Close. *Autorretrato*. 1997. Óleo sobre tela, 259,1 × 213,4 cm.
*Fonte:* Fotografia de Ellen Page Wilson, cortesia da Pace Gallery.

a eles para chegarem perto de uma pintura e descreverem qual é a aparência dela quando os olhos deles estão a 15 centímetros de distância (uma atividade surpreendentemente reveladora). Uma estratégia comum de escopo envolve o uso de um enquadramento. Pode ser o enquadramento de uma lente de câmera, a moldura ao redor de uma pintura ou o enquadramento que você pode criar fazendo um círculo com suas duas mãos. Sendo assim, a guia pode fornecer aos visitantes um visor de papelão, ou pedir que eles façam um enquadramento com seus polegares e dedos indicadores, e pedir para que eles isolem uma seção de uma pintura para descrevê-la em detalhes. Qualquer uma dessas estratégias estimulará a observação atenta, dando uma estrutura para os visitantes irem além de uma primeira olhada.

## JUSTAPOSIÇÃO

A estratégia final de observação que mencionarei é a *justaposição*, que consiste simplesmente em colocar objetos um ao lado do outro com o objetivo de realçar certas características deles por meio da comparação. Assim como a estratégia de escala e escopo, a justaposição é tão comum que muitos sequer a chamariam de estratégia, mas ela funciona estrategicamente quando justapomos propositadamente objetos para ver mais claramente as características específicas de cada um. Sempre que organizamos objetos em uma prateleira prestando atenção em como eles se complementam, estamos usando a estratégia de justaposição.

Um exemplo direto dessa estratégia em ação na ciência ocorre nos campos da zoologia e da botânica. Em suas coleções de pesquisa, os cientistas justapõem espécimes de fauna ou flora para discernir diferenças e semelhanças entre espécies. Os museus, é claro, são repositórios de coleções, e a justaposição estratégica de objetos é um elemento-chave das exibições. Seja uma coleção de espécimes de plantas, pinturas ou cacos de cerâmica, as adjacências dos objetos geralmente são projetadas por curadores para chamarem a atenção dos visitantes para características particulares. Muitas vezes, a diferença entre objetos justapostos é facilmente discernível, como em uma exposição de diferentes pinturas do mesmo artista ou de diferentes artistas da mesma região ou época. Mas a justaposição também pode ser usada estrategicamente para chamar a atenção para diferenças sutis.

Uma exibição muito perspicaz na ala de Arte das Américas do Museu de Belas Artes de Boston mostra uma fileira de cadeiras do século XVIII. As cadeiras são todas feitas exatamente no mesmo estilo e, à primeira vista, parecem quase idênticas. Mas, após uma inspeção minuciosa, e com alguma orientação gentil de uma placa na parede, podemos começar a notar maneiras sutis pelas quais diferentes marceneiros interpretam as características de um *design*-padrão. Por exemplo, todas as cadeiras têm pés em garra sobre bola, um *design* comum da época em que os pés das pernas das cadeiras consistiam em uma garra de pássaro esculpida segurando uma bola de madeira. Um dos marceneiros preferiu fazer uma garra com uma pegada firme, o que parece fazer com que a bola se projete entre as garras. Outro mostra a garra apoiada levemente na bola, como se o pássaro tivesse acabado de pousar ali. Perceber essa distinção leva a mais descobertas e logo, por meio da justaposição, o que inicialmente parecia um agrupamento sem graça de cadeiras se torna muito intrigante.

O grupo de visitantes que nossa guia está conduzindo provavelmente já está cansado do museu. Mas, supondo que eles se animem novamente depois de um lanche rápido no café do museu, como a guia pode usar a justaposição como uma estratégia para ajudá-los a observarem mais algumas

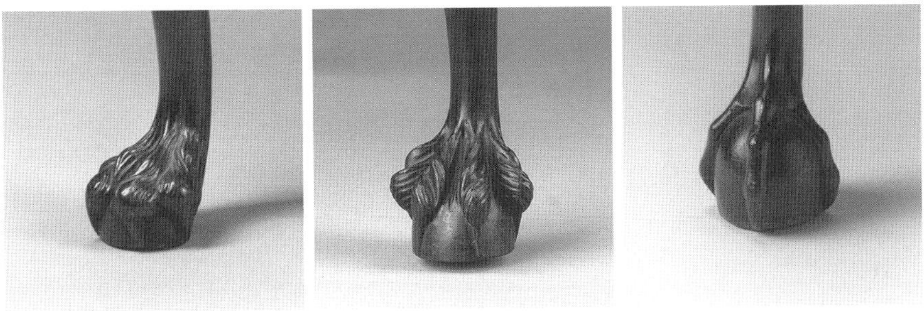

**FIGURA 2.6** 1. Cadeira [detalhe]; inglesa, cerca de 1750–1760. Mogno, faia. Medidas: 94,6 × 59,1 × 48,9 cm. Museu de Belas Artes, Boston. Doação da Sra. Joshua Crane em memória de seu marido, 30.726.

2. Cadeira lateral [detalhe]; cerca de 1765–1785. Local do objeto: Boston, Massachusetts. Mogno, bordo macio, carvalho vermelho. Medidas: 97,2 × 62,5 × 47,9 cm. Museu de Belas Artes, Boston. Doação de Priscilla Quincy Weld, em memória de sua mãe e de sua avó, Ruth Draper Peters e Alice Ames Draper, e Elizabeth Marie Paramino Fund, em memória de John F. Paramino, escultor de Boston, Arthur Tracy Cabot Fund, Ernest Kahn Fund, John Wheelock Elliott e John Morse Elliott Fund, Alice M. Bartlett Fund e Edwin E. Jack Fund, 1996.52.

3. Cadeira lateral [detalhe]; cerca de 1770. Local do objeto: Salem, Massachusetts. Atribuído a: Nathaniel Gould, americano, 1734-1781. Mogno, bordo, pinheiro. Medidas: 93,3 × 56,5 × 45,7 cm. Museu de Belas Artes, Boston. Aquisição do museu com fundos provenientes das contribuições de Mary W. Bartol, John W. Bartol e Abigail W. Clark, das contribuições do Dr. e da Sra. Thomas H. Weller, da herança do Sr. Stephen S. FitzGerald, da herança do Dr. Samuel A. Green, das contribuições de Gilbert L. Steward, Jr., das contribuições da Sra. Daniel Risdon, das contribuições da Srta. Elizabeth Clark, em memória de Mary R. Crowninshield, das contribuições da Sra. Clark McIlwaine, das contribuições do Sr. e da Sra. Russell W. Knight — Coleção de Ralph E. e Myra T. Tibbetts —, das contribuições de Elizabeth Shapleigh, das contribuições da Srta. Harriet A. Robeson, das contribuições da John Gardner Greene Estate, da herança de Barbara Boylston Bean, das contribuições da Srta. Catherine W. Faucon, das contribuições de Jerrold H. Barnett e Joni Evans Barnett e das contribuições da Dra. Martha M. Eliot, 2004.2062.

*Fonte:* Fotografias © 2017 Museum of Fine Arts, Boston.

pinturas? As possibilidades são inúmeras e conhecidas por qualquer educador que instrua com o uso de comparações. Por exemplo, os visitantes poderiam identificar duas pinturas que parecem semelhantes e, em seguida, descrever como suas características são semelhantes e diferentes. Eles poderiam olhar para uma galeria específica como um todo e procurar recursos semelhantes e diferentes em todas as obras. Eles poderiam propor suas próprias justaposições, identificando duas ou três pinturas que gostariam de colocar uma ao lado da outra e explicando o porquê. Cada uma dessas estratégias funcionaria. Mas o museu fecha às 17h, e está na hora de encerrar a visita guiada.

## ANATOMIA DA ESTRATÉGIA

As estratégias de observação que discuti neste capítulo — *categorias, inventário aberto, escala e escopo* e *justaposição* — são amplamente aplicáveis a todos os tipos de contextos. Elas são usadas por especialistas em campos avançados de estudo para fazer observações sofisticadas, e são usadas por todos nós, dos mais novos até os mais velhos, em muitos contextos da vida cotidiana. Por toda a sua amplitude, as estratégias oferecem diretrizes concretas e acionáveis. O uso de categorias diz ao olho para onde olhar. Fazer um inventário aberto fornece uma estrutura para capturar um emaranhado de percepções. Alterar a escala e o escopo da percepção ajuda os olhos a verem as coisas de novas perspectivas. A justaposição de objetos torna as características sutis discerníveis, indicando semelhanças e diferenças.

Embora cada estratégia tenha sua essência, todas compartilham duas características importantes. A primeira é que elas incentivam as pessoas a irem além do primeiro olhar e observarem uma coisa de perto, seja uma pintura, um fragmento da natureza, um artefato histórico ou um objeto da vida cotidiana. O tempo é um recurso humano precioso, e devemos estar preparados para gastá-lo generosamente se quisermos cultivar a capacidade das pessoas de usar o olhar atento. Considere a escolha da guia do museu: em vez de oferecer aos visitantes um passeio por todo o museu, certificando-se de apontar seus muitos destaques, como talvez eles esperassem, ela resistiu às expectativas e deu-lhes muito tempo — muito tempo mesmo — para que olhassem atentamente.

Uma segunda característica das estratégias discutidas neste capítulo, dessa vez mais técnica, é que elas fornecem o que os educadores às vezes chamam de "andaimes", em vez de instruções passo a passo. As instruções dizem o que fazer; andaimes apoiam a pessoa para que ela possa fazer algo por conta própria. As estratégias discutidas aqui incentivam as pessoas a desenvolverem suas próprias percepções de discernimento, em vez de corroborarem o que os especialistas dizem que elas devem ver. Isso é mais do que uma gentileza motivacional: quando as pessoas olham atentamente para as coisas por si próprias, elas tendem a compreender as complexidades e fazer conexões de uma forma que nenhuma quantidade de informação especializada pode transmitir. Essa é uma das razões pelas quais o olhar atento é um modo único de aprendizagem. Esse tema — a conexão entre o olhar atento e uma apreciação da complexidade — é explorado em profundidade no Capítulo 8. Para começar a preparar o terreno, o próximo capítulo traz algumas histórias da vida real sobre a prática do olhar atento em quatro ambientes educacionais bem distintos.

## NOTAS

1. Você pode encontrar o vídeo no YouTube, mas ler sobre ele aqui terá estragado a experiência; é quase certo que você verá o gorila: SELECTIVE attention test. [*S. l.*: *s. n.*], 2011. 1 vídeo (1 min). Publicado pelo canal Daniel Simons. Disponível em: https://www.youtube.com/watch?v=vJG698U2Mvo. Acesso em: 19 fev. 2024.
2. CARSON, C. *Writing, writing, writing*: the natural history field journal as a literary text. 2007. Disponível em: http://townsendcenter.berkeley.edu/article11.shtml. Acesso em: 19 fev. 2024.
3. SCHOLZ, J. Connoisseurship and the training of the eye. *College Art Journal*, v. 19, n. 3, p. 226–230, 1960.
4. Ver ENCYCLOPEDIA OF LIFE. *Global access to knowledge about life on Earth*. [2023?]. Disponível em: http://eol.org/. Acesso em: 19 fev. 2024.
5. WHITMAN, W. *Folhas de relva*: a primeira edição (1985). São Paulo: Iluminuras, 2005.
6. CURTIS, R. *Outdoor action guide to nature observation & stalking*. 1999. Disponível em: http://www.princeton.edu/~oa/nature/naturobs.shtml. Acesso em: 19 fev. 2024.

# 3

# O OLHAR ATENTO NA PRÁTICA

Em 10 de janeiro de 2013, Paul Salopek, jornalista e colaborador da National Geographic, partiu para fazer uma caminhada atenta, lenta e muito longa. Seu trajeto começou em Herto Bouri, na Etiópia, um local onde alguns dos fósseis humanos mais antigos do mundo foram encontrados, e seguiu os caminhos antigos da migração humana — as rotas que nossos ancestrais percorreram quando se dispersaram pela África e se espalharam pelo mundo. Enquanto escrevo este livro, Paul está em seu quinto ano de caminhada. Seu projeto, chamado *Out of Eden Walk*, é um projeto para contar histórias.[1] Ao longo de uma década, ele caminhará mais de 33 mil quilômetros, saindo da África e atravessando o Oriente Médio até o Cáucaso, depois seguindo a Rota da Seda pela Ásia até a Rússia e o Ártico e, por fim, descendo toda a costa das Américas até o final da jornada, na Terra do Fogo, o último canto do mundo continental a ser colonizado por humanos, há aproximadamente 12 mil anos.

Paul caminha com parceiros de caminhada locais; ele não tem pressa nenhuma. Ele regularmente escreve e publica relatos no *site* do projeto. Suas reportagens contam histórias atuais através dos prismas do passado profundo e do presente oculto. Este capítulo se baseia na caminhada de Paul para explorar duas práticas relacionadas ao olhar atento. A primeira é uma prática chamada jornalismo lento, uma alternativa radical ao ciclo acelerado e diário de notícias cada vez mais urgentes. A segunda é um programa educacional relacionado à caminhada de Paul, em que jovens de todo o mundo praticam o olhar atento em seus bairros e pela internet uns com os outros.

Paul concebeu o projeto *Out of Eden Walk* como uma experiência de jornalismo lento, mas ele também conhece muito bem o ritmo acelerado das notícias. Sendo correspondente estrangeiro e duas vezes vencedor do Prêmio Pulitzer, ele passou algumas décadas cobrindo áreas de tensão no mundo todo para veículos de notícias. No entanto, ele diz que a "lentidão" está em seu sangue e que sempre foi atraído por ela. "Eu escolhi uma profissão que valoriza a velocidade acima de quase qualquer outra coisa — precisão também, mas principalmente velocidade — e, de alguma forma, consegui trazer ela para o ritmo da minha própria vida."[2]

A velocidade de caminhada de Paul atualmente é de aproximadamente 5 quilômetros por hora. Essa velocidade serve para ele. Como ele explica em um de seus relatos do *Out of Eden Walk*:

> Atravessando a Terra, reaprendi a antiga cerimônia de partidas e chegadas. (Fazer e desfazer acampamentos, empacotar e desempacotar a bagagem, um ritual antigo e reconfortante.) Absorvi paisagens através das minhas papilas gustativas ao colher as safras de agricultores. E me reconectei com outros seres humanos de maneiras que nunca pude fazer como um repórter cruzando o mundo em jatos e carros. Caminhando, eu constantemente conheço pessoas. Não posso ignorá-las ou passar por elas de carro. Eu as cumprimento. Eu converso com estranhos cinco, dez ou até vinte vezes por dia. Estou envolvido em uma conversa sinuosa de cinco quilômetros por hora que abrange dois hemisférios. Dessa forma, caminhar constrói uma casa para mim em todos os lugares.[3]

A versão de Paul de jornalismo lento é extrema. Mas, entre os jornalistas, ele não está sozinho: o movimento pequeno, mas cada vez maior, do jornalismo lento se baseia na simples premissa de que contar histórias jornalísticas meticulosas, precisas e envolventes leva tempo. A versão de Paul é móvel. Outros jornalistas fazem uma imersão em um único local por semanas, meses ou até anos de cada vez. Outros ficam em casa observando atentamente as pessoas e os lugares locais. Um belo exemplo de jornalismo lento local é *One in 8 Million*, uma série de 54 histórias publicada no *New York Times* ao longo de um ano.[4] Cada história consiste em um retrato em miniatura de 3 minutos de um nova-iorquino comum. As histórias são contadas por meio de uma sequência lenta de fotografias em preto e branco do fotógrafo Todd Heisler, acompanhadas de trechos de uma entrevista com a pessoa. Nelas, já ouvimos as vozes de um funcionário de tribunal, de um socorrista de animais, de uma pessoa que brigava em bares, de um atendente de guarda-volumes de casamentos, da empregada de vários prefeitos da cidade, de um contador, de um filho único e de um fã de esportes. As histórias são breves, mas não têm pressa. Fotografias e voz se juntam para criar a sensação de que realmente passamos algum tempo com cada um desses indivíduos.

O jornalismo lento pode assumir muitas formas: desde artigos escritos até ensaios multimídia, podendo incluir fotografias, vídeos e áudios. Pode ser um jornalismo extenso, que convida os leitores a mergulharem profundamente nas complexidades de um tópico, ou pode ser uma reportagem curta ou média que atrai o público para pequenos momentos e experiências. Mas, independentemente da forma que assume, esse jornalismo tem um sabor distinto. Há muitos anos, quando a expressão "jornalismo lento" estava apenas começando a ser usada, o jornalista Mark Berkey-Gerard fez um balanço das várias maneiras como ela foi descrita na imprensa e sugeriu uma definição provisória que resistiu ao tempo. Ele diz:

Jornalismo lento:

- Desiste do fetiche de vencer a concorrência.
- Valoriza a precisão, a qualidade e o contexto, e não apenas ser rápido e chegar primeiro.
- Evita celebridades, sensações e eventos cobertos por um grande grupo de repórteres.
- Tira tempo para descobrir as coisas.
- Busca histórias não contadas.
- Confia no poder da narrativa.
- Vê o público como colaborador.[5]

Como sugere a definição de Berkey-Gerard, o jornalismo lento não é baseado em furos de reportagem. Também não tem o tom rápido e pseudo-objetivo daquilo que alguns chamam de notícias duras ou factuais. Ele se baseia na crença de que a maioria das histórias não começa nem termina com uma manchete: elas permeiam a vida real de pessoas e comunidades e levam tempo para serem descobertas. Rob Orchard, um popular porta-voz do jornalismo lento e editor da *Delayed Gratification*, uma revista totalmente dedicada à prática desse tipo de jornalismo, explica em uma palestra no TedX que o jornalismo lento é "sobre estar certo, e não sobre ser o primeiro", e que, em última análise, "é sobre dedicar tempo para fazer algo de qualidade".[6]

Como ocorre com o olhar atento, o jornalismo lento é sobre descobrir mais do que se percebe à primeira vista. A lentidão, nesse sentido, não significa manter um ritmo prescrito — trata-se de dedicar o que o estudioso e jornalista multimídia Benjamin Ball chama de "tempo adequado":

> [...] jornalismo lento não é sobre alcançar um determinado número de palavras, uma determinada duração ou um tempo de produção específico, mas sobre alcançar um público — e não apenas atingir um público *tecnicamente*, mas também, e mais importante, envolver o público intelectualmente e emocionalmente. "Lento" descreve a extensão e o teor moral do processo comunicativo, em vez de sua duração ou seu ritmo.[7]

A observação de Benjamin nos indica que a "lentidão" funciona de duas maneiras. Como prática jornalística, é a observação e a escuta cuidadosas que os jornalistas fazem para produzir uma história com nuances. Mas essa lentidão também ocorre por parte do público, porque o jornalismo lento convida o público a se demorar em uma história ou cena e habitá-la um pouco, como ocorre com os ensaios fotográficos no *One in 8 Million*, que nos permitem mergulhar momentaneamente, mas sem pressa, na vida cotidiana dos nova-iorquinos.

Para Paul Salopek, o "tempo adequado" de seu jornalismo lento varia tanto em tamanho quanto em forma. Seus relatos escritos para o *Out of Eden Walk*, publicados aproximadamente a cada duas semanas, normalmente têm entre 600 e 1.000 palavras. Em "As coisas que eles deixam para trás", ele conta a história de trabalhadores migrantes caminhando à noite pelo deserto de Afar em direção ao Mar Vermelho, com a esperança de conseguir trabalho no Oriente Médio. Em "Oásis eletrônico", ele nos leva para dentro do mundo de um jovem técnico de informática etíope e sua estação de carregamento improvisada no deserto, onde nômades podem ir com seus camelos e sua carga para recarregar seus celulares por alguns centavos. Em "É sempre 1989 em uma vila esquecida no Cáucaso", ele faz uma pausa em uma cidade outrora movimentada que agora está repleta de fazendas vazias para tomar chá com um administrador na última fazenda de estilo soviético do Azerbaijão.

Além de produzir relatos regularmente, Paul também experimenta o jornalismo lento com mídias de formato muito curto, por mais contraditório que isso possa parecer. A cada 160 quilômetros de sua caminhada, Paul faz uma pausa para criar o que ele chama de "marco", um registro da paisagem e de uma pessoa que ele tenha conhecido nas proximidades. Um marco consiste em vários elementos, todos muito breves, mas que, juntos, atraem o leitor para uma experiência lenta e imersiva de tempo e lugar. Primeiro, há simplesmente uma foto do lugar, juntamente com uma introdução de duas ou três frases e as coordenadas geográficas. Depois, há uma foto panorâmica com rolagem 360° que Paul tira enquanto gira lentamente em um ponto, junto com uma fotografia do céu acima de sua cabeça e da terra abaixo. Também há um vídeo bem curto, uma "espiada" de um minuto, que captura o que quer que esteja no ambiente visual e auditivo imediato — o vento no deserto, a chuva no asfalto, os passos na grama seca, o ronco do motor de um trator agrícola. Por fim, há uma foto da primeira pessoa que Paul encontra num raio de 10 quilômetros do local, juntamente com uma breve entrevista. Ele sempre faz as mesmas três perguntas: quem é você? De onde você veio? Aonde você vai? Aqui está o encontro dele com um trabalhador rural migrante de 22 anos no marco 21 da caminhada, perto de Pyla, no Chipre:[8]

***Quem é você?***
Eu me chamo Jaskarah.

***De onde você veio?***
Nawanshahr. Fica no Punjab, na Índia. O Chipre é um país muito legal. Tenho dois ou três amigos aqui que trabalham na fazenda. Eu vim trabalhar. Dinheiro.

***Aonde você vai?***
Depois de mais um ano, vou para casa. Eu quero abrir minha própria loja. Uma loja de roupas. É o meu sonho.[8]

Esses marcos criam uma colagem de momentos muito curtos, atraindo os leitores para uma experiência lenta de tempo e lugar que é profundamente local. Mas eles também são globais de várias maneiras: cada um faz parte de uma soma de marcos ao longo do percurso que Paul está criando enquanto caminha pelo mundo; cada marco tem uma audiência global, e a maioria, de alguma forma, ressoa com pessoas além das fronteiras geográficas e culturais. Esse tema, de conectar pessoas globalmente explorando lentamente um local, é a linha de trabalho jornalístico de Paul. É também um tema que liga o seu projeto *Out of Eden Walk* a um programa educacional global *on-line* para jovens.

## PAUL E O PROJECT ZERO

No outono de 2012, nos meses finais de preparação para sua caminhada, Paul se perguntou se poderia adicionar um componente educacional ao seu projeto. Embora ele insista que não é um educador, sabia que a caminhada seria uma jornada de aprendizado para ele, e se perguntou se ela também não poderia servir como um propósito semelhante para os jovens. Ele não tinha uma ideia específica em mente, mas sabia o que *não queria*: um programa didático que entregasse aulas de geografia ou história mundial usando seus relatos como textos de estudo. Em vez disso, ele queria algo que compartilhasse o espírito da filosofia da caminhada. Ele perguntou sobre possíveis parceiros e, por feliz coincidência, sua trilha o levou ao Project Zero, uma organização de pesquisa da Harvard Graduate School of Education com uma longa história de projetos educacionais inovadores — e que também acontece de ser onde eu trabalho.

Lembro-me da primeira vez que meus colegas e eu encontramos Paul. Ele nos enviou uma mensagem intrigante sobre o projeto para o qual estava se preparando, e nós o convidamos para ir nos visitar para nos contar um pouco mais sobre o plano. Quando ele chegou, nos reunimos em um pequeno escritório ao redor desse homem magro e sério, ligeiramente curvado sobre um *laptop*, com uma história fascinante para contar. Depois de algumas conversas, ficou claro que havia uma forte ressonância entre a visão de Paul para o *Out of Eden Walk* e as ideias do Project Zero sobre aprendizado. Especificamente, compartilhamos uma profunda crença no valor do olhar atento e da escuta atenta, um compromisso com a importância de aprender por meio de histórias e um interesse apaixonado em incentivar diálogos profundos entre diferentes geografias e culturas.

Em outra ocorrência feliz, uma pequena organização filantrópica com visão de futuro chamada The Abundance Foundation soube do nosso encontro de mentes e se juntou à conversa. Dirigida por Stephen Kahn, a The Abundance Foundation apoia o trabalho educacional nas áreas de saúde, intercâmbio intercultural e artes. Stephen Kahn, um médico de emergência com um forte interesse no empoderamento global da juventude, viu potencial em uma colaboração entre o *Out of Eden Walk* e o Project Zero e concordou em apoiar o desenvolvimento de uma iniciativa educacional. Assim, a semente para o que acabaria por se tornar o programa Out of

Eden Learn foi plantada. Três pesquisadores do Project Zero se reuniram para conceituar e construir o programa, e cada um trouxe consigo um foco particular. Liz Dawes Duraisingh chegou ao projeto com um *background* no ensino de história e um interesse especial em ajudar os jovens a conectarem suas próprias histórias de vida às histórias de outras pessoas. Carrie James, socióloga de formação, trouxe uma sólida experiência na investigação das dimensões cívica e moral das interações dos jovens pela internet. Cheguei ao projeto com experiência no desenvolvimento de programas para ensinar a pensar e, sem surpresa nenhuma, com um interesse no olhar atento.

Agora em seu quinto ano, o Out of Eden Learn é um programa de intercâmbio cultural *on-line* que conecta estudantes de todo o mundo. Ele usa o leitmotiv da caminhada de Paul, mas não é em si um programa de jornalismo. Em vez disso, é inspirado nos temas que interligam o jornalismo lento com as ideias do Project Zero sobre aprendizagem. Seus três objetivos principais são incentivar os alunos a: 1) desacelerar para observar o mundo com cuidado e escutar atentamente os outros; 2) trocar histórias e observações sobre pessoas, lugares e identidades; e 3) refletir sobre como sua própria vida se conecta às histórias de outras pessoas.

Assim como a caminhada de Paul, o Out of Eden Learn também tocou o público. Até o momento, mais de 20 mil alunos em mais de mil salas de aula em 57 países já participaram do programa. O programa funciona assim: salas de aula de todo o mundo são reunidas em pequenos e diversos grupos de aprendizagem, que nós chamamos de "grupos ambulantes", que realizam um currículo de 12 semanas juntos. Desde alunos da pré-escola até alunos do ensino médio participam do programa, e cada grupo de caminhada é composto por cerca de oito salas de aula com alunos de idades semelhantes, que são escolhidas intencionalmente por sua diversidade geográfica, cultural e socioeconômica. O currículo é composto por atividades semanais ligadas aos temas supracitados. Os alunos fazem caminhadas cuidadosas pelos bairros e documentam coisas que gostariam de compartilhar com outros alunos. Eles realizam entrevistas, escutam as histórias dos vizinhos, exploram conexões entre suas próprias comunidades e o mundo em geral e investigam questões globais contemporâneas. Eles postam sobre seus trabalhos na plataforma *on-line* do Out of Eden Learn, onde compartilham perspectivas e ideias com outros alunos em seu grupo de caminhada. O programa é gratuito, e os professores são criativos na forma como o adaptam às suas salas de aula, usando-o em uma ampla variedade de contextos de ensino, incluindo salas de aula de pré-escola e ensino fundamental, cursos de inglês e literatura, aulas semanais de tecnologia, clubes de atividades extracurriculares e aulas regulares de história e estudos sociais.

Do ponto de vista do olhar atento, o programa Out of Eden Learn é distinto na medida em que convida os alunos a explorarem a cultura humana, primeiro olhando lenta e atentamente para os seus próprios arredores, os seus bairros, os objetos do cotidiano e as pessoas ao seu redor, e depois trazendo essa qualidade de desaceleração para suas interações na internet com outros jovens de seus grupos de caminhada. É importante ressaltar que o Out of Eden Learn não pede aos jovens que deixem de usar seus celulares e computadores para desacelerar. (Assim como nem Paul Salopek nem a maioria de outros jornalistas lentos deixam os eletrônicos de lado.) Em vez disso, o projeto os convida a fazer o que os jornalistas que praticam o jornalismo lento fazem: usar qualquer mídia que se adapte ao propósito deles para observar e descrever o que veem, desde fotos e vídeos até lápis e papel.

Quando meus colegas e eu desenvolvemos o Out of Eden Learn, reconhecemos que a ênfase em desacelerar estava em desacordo com o que os alunos normalmente experimentam na escola, mas esperávamos que os alunos achassem essas atividades centradas na observação atenta envolventes. Não antecipamos o quão empolgados eles ficariam com elas. Aparentemente, jovens de todo o mundo estão com um anseio por desacelerar. Em palavras que poderiam ter vindo de qualquer um desses alunos, uma criança de 12 anos diz: "Quando você desacelera e presta mais atenção, há um mundo totalmente novo ao seu redor". Um adolescente de 14 anos relata: "É realmente incrível como as coisas podem parecer quando apenas tiramos algum tempo para observá-las". Outro aluno observa:

> As pessoas nesta era moderna raramente apenas desaceleram e olham ao redor. Obviamente não se deve fazer isso no meio da rua, mas em outros lugares você pode, como no parque! Infelizmente, tudo está sempre correndo e se movendo, nunca diminuindo a velocidade apenas para ver o mundo maravilhoso em que estamos.[9]
>
> (Estudante de 10 anos de Acra, Gana)

Esses sentimentos contrastam fortemente com a narrativa comum sobre o ritmo acelerado da vida contemporânea e sobre os curtos períodos de atenção dos jovens. As pessoas muitas vezes reclamam que a vida dos alunos está tão cheia e estimulada por mídias em ritmo acelerado, particularmente as redes sociais, que eles não têm interesse em desacelerar. Porém, com base no programa Out of Eden Learn, aparentemente eles têm. Isso levanta a seguinte questão: o que está acontecendo?

Pode-se especular sobre a resposta a essa pergunta — eu e meus colegas certamente o fizemos —, mas, no Project Zero, somos pesquisadores educacionais por profissão, então era natural que buscássemos uma resposta baseada em pesquisas. Percebemos que tínhamos duas fontes de dados relevantes que poderiam ajudar. A primeira era o resultado de uma pesquisa *on-line* que todos os alunos fazem depois de concluírem o programa Out of Eden Learn. A pesquisa faz uma série de perguntas gerais sobre as impressões dos alunos sobre o programa, e os alunos geralmente mencionam o olhar atento em suas respostas. (As citações do parágrafo anterior, por exemplo, vieram das pesquisas com os alunos.) A segunda fonte foi o trabalho real que os alunos publicaram na plataforma Out of Eden Learn quando estavam envolvidos nas atividades de foco atento do projeto, como as fotos e os comentários que publicaram sobre fazer caminhadas pelo bairro e documentar o cotidiano. Decidimos analisar atentamente essas duas fontes de dados. As pesquisas com os alunos podem nos mostrar o que eles *dizem* sobre a desaceleração; a análise do trabalho dos alunos pode nos indicar o que eles realmente *fazem* quando praticam o olhar atento.

Aparentemente há uma boa correspondência entre o que os alunos dizem e o que eles fazem. Em ambas as vertentes de pesquisa, as pesquisas de autorrelato dos alunos e a análise dos seus trabalhos, os dados se agrupam nos mesmos quatro grandes temas. Se os juntarmos, esses quatro temas oferecem um retrato texturizado do que os alunos dizem que gostam sobre a lentidão e de como eles estão realmente a experimentando. O restante deste capítulo oferece um vislumbre desses resultados da pesquisa.

## AS QUATRO MANEIRAS DE OLHAR ATENTAMENTE

Os quatro temas são: *ver com novos olhos*; *explorar perspectivas*; *perceber detalhes*; e *bem-estar filosófico*. Cada tema tem uma qualidade distinta que é conceitualmente separada dos outros e que os próprios alunos reconhecem como única. Mas os temas se sobrepõem. Por exemplo, uma aluna desacelera para observar cuidadosamente seu bairro e desenhar uma vista aérea dele. Seu desenho mostra que ela está percebendo detalhes sutis, como o brilho das luzes da varanda ao anoitecer e as mariposas pairando nas proximidades. Consequentemente, o caso dela se enquadra na categoria de perceber detalhes. Além disso, o caso dessa aluna mostra que ela está explorando uma perspectiva única, ao usar o que ela chama de "visão de olho de mariposa". Levando isso em conta, o caso dela também se enquadra na categoria de exploração de perspectivas. Porém, apesar de as respostas dos alunos ocasionalmente se enquadrarem em mais de uma categoria, cada tema é conceitualmente distinto. As seções a seguir exploram cada um desses temas.

## Vendo com novos olhos

> Aprendi que há muitas coisas diferentes e incríveis ao redor do mundo e que, se pararmos para olhar ao nosso redor e prestar atenção, veremos coisas incríveis logo do lado de fora de nossas casas.
>
> (Estudante de 12 anos de Acra, Gana)

Quando os jovens começam a praticar o olhar atento, eles geralmente experimentam uma sensação de repentinamente ver seu mundo familiar com novos olhos, como se o mundo ao seu redor estivesse sendo recém-descoberto. Um estudante do ensino médio em Mumbai volta para casa da escola e percebe os detalhes das cenas de rua pelas quais ele passou centenas de vezes antes: um barbeiro cortando o cabelo de alguém, um grupo de meninos jogando taco. Um aluno do quinto ano nos EUA dá uma volta de carro com o pai e se surpreende ao perceber quantos estacionamentos existem bem ali em seu bairro. Uma estudante do jardim de infância em Pireu, na Grécia, se abaixa com uma alegre surpresa para examinar pequenas plantas que brotam das rachaduras da calçada na pracinha da sua escola — uma pracinha pela qual ela corria, pulava e brincava todos os dias sem ter percebido isso antes.

Os estudantes não têm dificuldade em encontrar palavras para expressar essa experiência. Um dos estudantes diz o seguinte:

> Eu aprendi a tirar um tempo para parar o que estou fazendo e olhar em volta. Descobri muitas coisas no meu bairro por causa disso. Já vi casas e pessoas que nunca tinha visto antes. Eu geralmente sou uma pessoa muito ocupada, então isso me ajuda a descobrir coisas novas.
>
> (Estudante de 12 anos de Los Angeles, Califórnia, EUA)

Outro aluno publica uma foto na internet para compartilhá-la com os membros de seu grupo de caminhada, junto com esta nota:

> Esta foto realmente me fez pensar diferente sobre o meu bairro, porque eu nunca paro para olhar e ver o que está ao meu redor. Eu também nunca percebo as coisas que as outras pessoas realmente não percebem, como as pedras.
>
> (Estudante de 10 anos de Chicago, Illinois, EUA)

Outro estudante escreve:

> Eu costumava pensar que geralmente há apenas uma maneira de olhar para algo. Por exemplo, muitas vezes vou até o rio e olho para ele. Quando olhei para ele desta vez, notei todos os detalhes, desde aranhas d'água até o reflexo das árvores [...] Há tantas coisas que podemos ver em uma só coisa, só temos que observar.
>
> (Estudante de 10 anos de West Hartford, Connecticut, EUA)

Como essas observações testemunham, ver o mundo com novos olhos não é simplesmente um exercício técnico para os alunos. Em vez disso, eles relatam que acham a experiência de caminhar lenta e atentamente por seus bairros cativante, gratificante e, ocasionalmente, até emocionante.

E eles não estão sozinhos nessa. A ideia de que há valor em ver o mundo com novos olhos é um dos pilares da sabedoria filosófica e da prática criativa. São muitos os conselhos sobre como fazer isso: tornar o familiar estranho, reformular o cotidiano, encontrar o oculto à vista de todos. Tais conselhos existem há milênios, mas os humanos frequentemente precisam ser lembrados deles porque eles abordam um problema perene da percepção humana: precisamos de conceitos e categorias mentais para dar sentido ao mundo, mas são precisamente essas coisas que nos impedem de ver o inesperado. Como escreveu o escritor Marcel Proust: "O verdadeiro ato de descoberta não consiste em encontrar novas terras, mas em ver com novos olhos".

## Explorando perspectivas

Uma maneira de transformar o fluxo diário de percepção em um ato de descoberta é alterar intencionalmente o ângulo de visão. Os alunos do programa Out of Eden Learn descobrem isso rapidamente, e esse parece ser um tema importante na abordagem deles ao olhar atento. Uma criança de 10 anos explica: "Quando você olha para algo de um ângulo diferente, essa coisa pode ser uma coisa totalmente diferente". A título de exemplo, uma menina de 12 anos relata: "Eu atravessei a rua, me deitei de bruços e tirei a foto da minha casa olhando de baixo para cima. Fiquei surpresa por termos tanta natureza legal e tantas folhas!". Outra menina de 10 anos relata que fica perto de uma cerca em seu quintal e observa que, "se você inclinar a câmera de uma certa maneira, parece que nossa cerca continua para sempre".

Em uma das primeiras atividades do currículo do Out of Eden Learn, os alunos fazem uma caminhada atenta pelo bairro. A tarefa é tirar fotos de coisas que chamam a atenção deles, com o objetivo de compartilhar as fotos com os colegas pela internet. Navegando pelas fotografias dos alunos, é impressionante ver o entusiasmo com que eles exploram diferentes perspectivas físicas. Eles se abaixam para capturar carpas nadadoras ou a textura da areia. Eles se inclinam para focar a estrutura de veias de uma folha caída. Eles sobem nos telhados para capturar uma vista aérea. Eles se agacham para tirar uma foto em perspectiva de uma pequena pedra em frente a grandes colinas distantes. Eles se curvam sobre um corrimão para espiar escada abaixo. Eles tiram uma foto da perspectiva de um inseto rastejando por uma árvore. Eles se deitam na rua e olham para cima para capturar a geometria dos fios elétricos que se cruzam no alto. Eles fazem *close-ups* de pedras e tijolos, de cascas de árvore e papel amassado, dos produtos coloridos de vendedores de calçadas. Eles tiram fotos de nuvens, bandeiras de oração e engarrafamentos a distância. Eles enquadram o amanhecer a partir da superfície de uma calçada molhada pela chuva.

Muitas vezes, assumir diferentes perspectivas físicas também leva os estudantes a uma mudança atitudinal em relação às suas próprias perspectivas. Um estudante subiu no telhado de sua escola para tirar uma foto e ofereceu esta reflexão:

**FIGURA 3.1**

*Fonte:* Estudante de 12 anos de Berkeley, Califórnia, EUA.

> Tirei esta foto para mostrar como, de uma perspectiva diferente, as coisas podem parecer muito diferentes. Aqui estou eu olhando para o *campus* da minha escola de uma vista que nunca tinha contemplado antes. Do meu ponto de vista cotidiano, tudo o que vejo é a estrada sinuosa e malcuidada que leva a uma estrada movimentada e a floresta acinzentada que parece envolver o *campus*. Mas daqui de cima eu consigo ver tudo melhor, eu consigo ver mais longe, eu consigo pensar nessas coisas com uma mentalidade diferente. Isso me faz pensar que é preciso levar em conta todas as diferentes perspectivas da vida para ver como as coisas realmente são.
>
> (Estudante de 15 anos de Crystal Lake, Illinois, EUA)

O estudante está em um clima filosófico; ele parece estar apreciando o "ver mais longe" obtido com uma mudança de mentalidade. Mas, como muitos alunos do Out of Eden Learn, ele também parece apreciar que ver "como as coisas realmente são" envolve não tanto ver o mundo de uma perspectiva

**FIGURA 3.2**
*Fonte:* Estudante de 15 anos de Crystal Lake, Illinois, EUA.

grandiosa, mas, sim, de um caleidoscópio de perspectivas. Paul Salopek concorda. Enquanto ele caminha por diferentes países e terras, sua caminhada nos mostra diferentes perspectivas físicas — mais notavelmente, uma perspectiva a pé em um mundo dominado por transportes motorizados —, e seus relatos nos convidam a ver através dos olhos das pessoas que ele encontra: lojistas, artesãos, trabalhadores migrantes, guias de caminhada locais, refugiados, agricultores.

Paul explora as perspectivas percorrendo o mundo, mas isso pode facilmente ser feito em algumas poucas quadras de uma cidade. Em uma adorável mistura de caminhar e observar, a autora Alexandra Horowitz nos leva a uma série de caminhadas que mudam nossas perspectivas em seu livro *On looking*.[10] O livro conta a história de 11 caminhadas diferentes que ela fez, principalmente em sua cidade natal, Nova York, acompanhada por 11 companheiros diferentes que a ajudam a observar atentamente seus arredores com "olhos de especialista". Em uma caminhada com um antropólogo urbano, por exemplo, a autora aprende a perceber o comportamento de rebanho de um grupo de pedestres atravessando a rua em um semáforo (regra: fique com o grupo, mas mantenha uma certa distância dos outros). Em uma caminhada com um geólogo, ela aprende a examinar as fachadas de calcário de prédios de escritórios em busca de trilhas de minhocas fossilizadas de 300 milhões de anos. Em uma caminhada ao redor do quarteirão com seu cachorro (um especialista em ser canino), ela aprende a ver as evidências ao nível do solo de atividades humanas e caninas recentes: a enxurrada de pontas de cigarro em frente a um prédio comercial, que sinaliza uma recente pausa para o almoço; as camadas de manchas de urina na base de um balaústre, que revelam vestígios de outros cachorros passeando. Embora Alexandra Horowitz não esteja tirando fotos como os alunos no Out of Eden Learn, ela está mudando seu ângulo de visão a cada nova perspectiva que explora. E, através dos olhos de cada novo companheiro, ela descobre outra nova camada de detalhes nas ruas de sua cidade.

## Percebendo detalhes

Para coroar a experiência dela no programa Out of Eden Learn, uma estudante do quinto ano de Massachusetts, EUA, fez um pequeno vídeo que consistia em longas cenas de várias coisas que ela estava examinando de perto: cascas de árvores, pedras na praia, folhas de grama, sua própria imagem. A própria aluna narrou o filme, em que ela fala diretamente com o espectador: "Você já olhou para algo, mas não o viu de verdade?", ela pergunta. "Passamos pelas coisas todos os dias sem perceber os detalhes." Ecoando a premissa do livro de Alexandra Horowitz, essa observação inicial poderia ter sido feita por qualquer um dos estudantes do projeto. O olhar atento está relacionado com ir além de um primeiro olhar, por isso não é surpresa que, muitas vezes, ele envolva perceber detalhes, uma experiência que os alunos parecem apreciar. Como diz uma menina de 12 anos de Illinois (EUA): "Todo dia é uma aventura lá fora, porque eu exploro as coisas mais minúsculas todos os dias". A elaboração do detalhe pode ser sedutora. Como um exemplo mais extenso, aqui está um comentário feito por uma menina de 13 anos para acompanhar uma fotografia que ela compartilhou com outros alunos de seu grupo de caminhada:

> Quando saí de casa, a primeira coisa que notei foram vários tipos de cores e padrões nos diferentes portões das casas. Durante todo o dia,

> nosso céu está cheio de pássaros, como vocês podem ver em uma das fotos, em que os pássaros se reuniram em um só lugar para fazer padrões. Como vocês podem ver, todas as casas têm árvores e diferentes tipos de plantas do lado de fora. Quando anoiteceu, padrões de árvores diferentes se formaram nas estradas. Quando eu estava prestes a terminar minha caminhada, fiquei muito fascinada com a aparência delicada das barracas de frutas e dos balões, cujas formas também pareciam frutas.
>
> (Estudante de 13 anos de Lahore, Paquistão)

A estudante está descrevendo sua fotografia, mas a descrição não é meramente um relato pós-fato; pode-se sentir que ela estava percebendo cada vez mais detalhes na cena, mesmo enquanto estava descrevendo-a. Primeiro os padrões no céu cheio de pássaros, depois os padrões de formas de árvores na estrada e, finalmente, a "aparência delicada das barracas de frutas e dos balões". Essa descrição estendida é importante e, como veremos no próximo capítulo, o ato de descrição é, em si, uma forma de olhar atento. Para os estudantes, também é um dos prazeres mais perceptíveis do olhar atento. Como um estudante de 10 anos observou: "Devemos cavar fundo e perceber os pequenos detalhes, porque, quando fazemos isso, percebemos as coisas incríveis que, se não tivéssemos tempo, não experimentaríamos".

Vale ressaltar que, quando os alunos se envolvem em observar detalhes, eles muitas vezes usam informalmente as estratégias amplas de observação discutidas no capítulo anterior. Por exemplo, aqui está um trecho de uma estudante que parece estar usando uma estratégia de inventário para observar os detalhes de seu *smartphone*. Veja como as observações dela se desenrolam enquanto ela compila seu inventário:

> O que notei nesse iPhone é que ele é retangular, do tamanho exato para caber perfeitamente em um bolso. Ele tem um botão circular na parte de baixo, no meio, que é o botão *Home*. Sua superfície é muito lisa. Na parte superior, no meio, há dois círculos: um bem no meio e outro um pouco mais acima e um pouco maior. Essa é a câmera para *selfies*. O outro círculo abaixo é acompanhado por um retângulo com lados arredondados [...]
>
> (Estudante de 13 anos de Singapura)

**FIGURA 3.3**
*Fonte:* Estudante de 10 anos de Danville, Califórnia, EUA.

Como outro exemplo de estratégia de observação, uma criança de 10 anos de Danville, na Califórnia (EUA), parece usar a estratégia de escala e escopo para ampliar e discernir novos detalhes. Ela diz: "Ao capturar os sinos de um ângulo mais próximo, isso me deixou ver os detalhes, como as pequenas folhas tingidas de rosa e a cor branca perolada do sino".

A justaposição, outra estratégia discutida no capítulo anterior, aparece na descrição de uma estudante da Flórida (EUA) sobre uma orquídea branca que ela encontra em um parque do bairro. Ela diz: "Como uma estrela brilhante, ela contrasta com a cor neutra do pântano".

As observações podem ser feitas com mais do que apenas os olhos, e os alunos muitas vezes descobrem detalhes por meio de vários de seus sentidos. Aqui, um aluno usa o toque, o som e a visão para capturar poeticamente os detalhes multissensoriais de nadar:

> Um vento suave acaricia minha pele enquanto passa rapidamente pelo ar. As ruas estão vazias e sem carros. As árvores balançam, enquanto o vento sopra suas folhas apertadas e compactadas. O oceano está

> fazendo sons aquosos e crepitantes enquanto vem até meus pés. Uma leve brisa varre a areia enquanto ela esfria e se instala na terra sólida da rocha. A água está fria e parece pedaços de gelo batendo no meu rosto. Quando eu saio, a água está ficando ainda mais gelada, e uma brisa fria me envolve enquanto eu tremo.
>
> (Estudante de 14 anos de Salem, Massachussets, EUA)

Será que existe uma sequência típica para o olhar atento, uma maneira natural pela qual ele tende a se desdobrar? Talvez. Em todos os exemplos anteriores, perceber detalhes parece fluir naturalmente a partir de olhar para as coisas com novos olhos. Uma vez que a atenção dos alunos é capturada, eles são facilmente atraídos para uma experiência prolongada de discernimento, percebendo pequenos detalhes e diferenças, identificando características e demarcações e ficando empolgados ao perceberem a surpreendente especificidade do mundo ao seu redor. Esse prazer na especificidade também serve para os adultos. Imagine o prazer de um *expert* ao realizar as mais refinadas distinções em termos de paladar ou de visão; a representação amorosa dos detalhes visuais feita por um pintor; a satisfação de um poeta em encontrar precisamente a palavra certa; a satisfação de um jornalista em apresentar os detalhes mínimos, mas perfeitamente evocativos.

> Há muitas gramas diferentes. Seus nomes cazaques são *jusan, jabaya, mortik, kuosik, mundalak* e muitos outros. Elas são verde-acinzentadas. Esmeralda. Amarelo-limão. Verde-claras. Muitas vezes, elas são cobertas por flores.
>
> (Paul Salopek, cruzando a estepe cazaque)[11]

> Virei uma esquina para uma larga rua sombreada. Um gerador estava crepitando nas proximidades; uma sirene soava no horizonte; as unhas de um pequeno cachorro raspavam o concreto enquanto ele estava sendo arrastado para fora para a sua caminhada matinal; outros sons se misturavam no ar.
>
> (Alexandra Horowitz, caminhando com uma mulher cega em Nova York)[12]

## Bem-estar filosófico

O quarto e último tema relacionado à experiência dos alunos com o olhar atento tem uma qualidade um pouco diferente das dos outros três discutidos até agora, embora suas semelhanças sejam aparentes: é o bem-estar filosófico. Colocando de maneira simples, os estudantes relatam que desacelerar os lembra do que é importante na vida. Frequentemente, eles se conectam ao olhar atento com uma sensação de tranquilidade. Por exemplo, uma aluna de Beaverton, Oregon (EUA), refletindo sobre sua caminhada pelo bairro, diz: "Tudo está vivo e se unindo para tornar o mundo pacífico e calmo, mesmo que seja apenas por alguns minutos enquanto você caminha por ele". Um estudante de Baltimore (EUA) relata: "Foi tão tranquilo sair de casa e vagar pelo bairro; é muito agradável quando desaceleramos e olhamos ao nosso redor". Da mesma forma, os alunos muitas vezes refletem que a lentidão oferece um antídoto para a tecnologia. "Deixe seu celular de lado por alguns minutos", aconselha um estudante de São Paulo, no Brasil, "é bom para refrescar sua mente". Um californiano observa: "Aprendi que talvez, quando estamos sentados em um carro em uma longa viagem, não deveríamos ficar olhando para nosso celular, e sim pela janela".

Para muitos alunos, o olhar atento traz uma sensação de bem-estar por meio de uma experiência com a natureza. De fato, é impressionante o grau em que a natureza aparece nas ideias dos alunos sobre a desaceleração. Em todos os cantos da plataforma Out of Eden Learn — nos cinco continentes, em todos os anos escolares, em ambientes rurais e urbanos —, os alunos gostam de tirar fotos da natureza ao seu redor. Os comentários e as fotos deles indicam que eles acham a natureza edificante, instigante e, acima de tudo, bonita. Em uma publicação típica, uma estudante de Adelaide, na Austrália, compartilha uma foto de "algumas flores silvestres de margarida crescendo na rua" e fala sobre ter ficado "impressionada com sua vitalidade exuberante". Ela continua: "Embora ninguém cuide delas, elas florescem sua beleza única tão maravilhosamente". Um estudante de Serpong, na Indonésia, reflete que "é muito incrível pensar na beleza da natureza que nenhum ser humano poderia criar".

Como esses comentários sugerem, a sensação de bem-estar filosófico dos alunos está frequentemente ligada a encontrar beleza na natureza, e o tema da beleza perpassa muito do que eles dizem. Muitas vezes, os alunos descrevem essa experiência como uma descoberta ativa: "Quando eu estava andando pelo meu bairro, notei toda a beleza [...] que eu nunca havia notado antes, e isso realmente me surpreendeu", diz um aluno do quinto ano. Outra aluna, refletindo sobre sua experiência com o currículo, diz simplesmente: "Notei [...] que ignoro e deixo de ver boa parte da beleza da vida e que, às vezes, é bom desacelerar e observá-la".

Não é de surpreender que esse senso de descoberta esteja frequentemente ligado aos aspectos do olhar atento discutidos anteriormente. Os estudantes descobrem a beleza vendo sua vizinhança com novos olhos, percebendo os detalhes intrincados de algo pelo qual costumam passar, tirando uma fotografia de uma cena cotidiana de uma perspectiva incomum. É importante ressaltar que os alunos parecem sentir que encontrar e apreciar a beleza é bom por si só. Isso pode parecer óbvio, mas é algo impressionante se considerarmos o contexto típico de atividades educacionais. Uma grande parte da educação formal é sobre fazer atividades que envolvam gratificação atrasada: estudar muito para passar em uma prova, memorizar fatos para chegar a grandes ideias, aprender procedimentos rotineiros para chegar a práticas avançadas. Em contraste, por meio do olhar atento, os alunos parecem sentir intuitivamente que aprender a ver a beleza no mundo é valioso por si só — não precisa de mais justificativas nem é instrumental para um fim posterior.

Um aspecto final do senso de bem-estar filosófico dos alunos está implícito em muitos dos comentários anteriores: o olhar atento oferece a eles a oportunidade de refletirem sobre suas próprias vidas. "Passo por este lugar todos os dias e nunca parei para ver esta bela paisagem", reflete um aluno. "Quando você está vendo isso, você se sente livre e bem consigo mesmo. Você pode pensar sobre seus problemas e tentar resolvê-los". Outro estudante dá um passeio em uma floresta local e reflete: "Estou sozinho, posso pensar, falar comigo mesmo, e todos os meus problemas de repente têm uma solução". Outro observa: "Eu nunca notei essa árvore de verdade [...] mas, quando tirei as fotos, acho que percebi que a vida não é baseada em eletrônicos".

Quando os juntamos, os vários temas que contribuem para a sensação de bem-estar filosófico dos alunos são de impressionar. Os estudantes relatam que o olhar atento os ajuda a se sentirem em paz, a perceberem a natureza, a apreciarem a beleza e a refletirem sobre o que é importante na vida. Para um ouvido adulto cansado, esses *insights* podem parecer sentimentais, mas seria desrespeitoso com a profundidade do sentimento dos estudantes descartá-los. O olhar atento parece tocar em algo profundo nos estudantes, uma descoberta familiar, mas nova, sobre si mesmos e o mundo ao seu redor.

A experiência deles não seria surpreendente para Carl Honoré, um conhecido defensor da vida lenta e autor de um livro intitulado *Devagar: como um movimento mundial está desafiando o culto da velocidade.*[13] Como Honoré argumenta, "O grande benefício de desacelerar é recuperar o tempo e a tranquilidade para fazer conexões significativas com as pessoas, com a cultura, com o trabalho, com a natureza e com nossos próprios corpos e mentes".[13] Curiosamente, Carl chegou a essa percepção por meio de uma experiência com seus próprios filhos. Como muitos de nós, ele estava vivendo uma vida apressada e acelerada. Um dia, ele se viu em uma livraria pensando em comprar um livro de histórias para dormir de um minuto, pensando que isso poderia ajudar a economizar tempo ao ler para seus filhos à noite. Como ele diz: "De repente, percebi: minha pressa ficou tão fora de controle que estou disposto a acelerar aqueles momentos preciosos com meus filhos no final do dia. Tem que haver uma maneira melhor, pensei, porque viver nessa velocidade não é realmente viver. É por isso que comecei a investigar a possibilidade de desacelerar".[13] Os alunos do Out of Eden Learn parecem compartilhar esse ponto de vista. Dando uma voz eloquente a pensamentos que Carl Honoré certamente apreciaria, um estudante do ensino médio na Suíça reflete sobre uma caminhada lenta e atenta que ele fez com sua turma:

> Saímos para uma caminhada em grupo, e me vi mais quieto do que o normal, dando toda a minha atenção aos elementos que me cercam: o ar limpo que parece flutuar em nossa direção direto dos Alpes ao longe, a umidade escorrendo pelo chão após as chuvas de ontem e dessa manhã, as nuvens que pairavam em uma névoa, os pássaros cantando um pouco e o cascalho sob meus pés. Às vezes, tudo isso se torna um pano de fundo abafado, desaparecendo rapidamente do meu foco, pois minha atenção está fixada em uma lista de possíveis prioridades: prazos, reuniões, horários. Eu lembro hoje que a atenção é uma escolha. Eu posso escolher estar aqui, percebendo esses detalhes. Voltei para a escola com uma mente mais limpa.

## Algumas palavras sobre *mindfulness*

O *slow movement*, ou movimento lento, é frequentemente ligado ao *mindfulness*, um estado mental em que a pessoa fica com uma atenção plena e sem julgamentos em relação ao momento presente. A busca pelo *mindfulness* é muito popular na cultura contemporânea, e, como as ideias de Carl Honoré sobre a lentidão, a atenção plena é vista como um antídoto para o ritmo fraturado e atormentado da vida moderna. Muitas vezes, as ideias sobre a atenção plena são misturadas com a filosofia zen, a ioga, a meditação e outras práticas que cultivam a quietude, a calma e o foco. Essas ideias estão difundidas na cultura e, às vezes, até no currículo escolar,[14] portanto não é estranho que os estudantes as conheçam. Como um jovem de 14 anos observa com entusiasmo: "Os pássaros cantando de manhã e à noite, a brisa fresca, a sombra abundante durante o dia e a fragrância das flores oferecem uma sensação zen!".

Sou totalmente a favor do *mindfulness*. Eu gostaria de implementar mais dele na minha própria vida, e acredito que o mundo seria um lugar melhor se houvesse mais dele por toda parte. Mas, embora um estado de atenção plena às vezes acompanhe o olhar atento, ele não é sempre necessário, e é importante não misturar os dois.

A atenção plena é geralmente mencionada como uma virtude caracterológica e, às vezes, também como uma virtude ética. Sua virtude caracterológica tem a ver com a saúde mental que se alcança estando totalmente no momento presente e aceitando o "eu" sem julgamentos. Sua virtude ética tem a ver com a obtenção de um estado de espírito com maior probabilidade de levar à percepção adequada e à ação correta. O olhar atento, como eu o defino, é uma virtude *epistêmica*: seu valor tem a ver com adquirir conhecimento. O conhecimento pode ser perseguido conscientemente ou não — e, em termos de seu valor epistêmico, não é necessariamente melhor se for. Do ponto de vista educacional, essa é uma distinção importante, porque, embora a ideia de olhar atento seja espiritualmente menos ambiciosa do que a de *mindfulness*, ela é consideravelmente mais inclusiva. Lembre-se das características do olhar atento discutidas anteriormente neste capítulo: ver com novos olhos, perceber detalhes, explorar perspectivas. Ocasionalmente, essas atividades são acompanhadas por sentimentos de tranquilidade e paz, mas, muitas vezes, não são. Às vezes, as observações caem em uma corrida precipitada; às vezes, novas perspectivas são surpreendentes e até perturbadoras; às vezes, a inquietação, em vez da tranquilidade, impulsiona o processo de olhar. Do ponto de vista do ensino, isso é importante porque significa que o olhar atento não funciona apenas quando os estudantes atingem um estado mental consciente. Ele funciona quando os jovens têm a oportunidade e as ferramentas para olhar o mundo com atenção, simplesmente para ver mais do que está ao seu redor. O humor e o ritmo com que eles fazem isso dependem deles.

## NOTAS

1. SALOPEK, P. *Out of Eden Walk*. c2024. Disponível em: https://outofedenwalk.nationalgeographic.org/. Acesso em: 20 fev. 2024.
2. SALOPEK, P. Entrevista cedida a Shari Tishman em 14 dez. 2016.
3. SALOPEK, P. *Exploring the world on foot*. 2015. Disponível em: https://www.nytimes.com/2015/12/13/opinion/exploring-the-world-on-foot.html. Acesso em: 20 fev. 2024.
4. KRAMER, S.; MAINLAND, A. *One in 8 million*. 2009. Disponível em: https://www.idfa.nl/en/film/f99a9eff-1b17-45b4-b6c6-bfe27f4b1e12/one-in-8-million/?gclid=Cj0KCQj-wmIuDBhDXARIsAFITC_6texwXA7tTFPF_qCPvyd2UtpHaPiKtaN-44ybiqt9OoZNY3u-D2Z40aAoiZEALw_wcB. Acesso em: 20 fev. 2024.
5. BERKEY-GERARD, M. *Tracking the 'slow journalism' movement*. 2009. Disponível em: https://markberkeygerard.com/2009/07/. Acesso em: 29 ago. 2009.
6. ORCHARD, R. *The slow journalism revolution*. Madrid: TEDx, 2014. 1 vídeo (16 min). Publicado pelo canal TEDx Talks. Disponível em: https://www.youtube.com/watch?v=U-GtFXtnWME4. Acesso em: 20 fev. 2024.
7. BALL, B. Multimedia, slow journalism as process, and the possibility of proper time. *Digital Journalism*, v. 4, n. 4, p. 432–444, 2016.
8. SALOPEK, P. Milestone 21: Cyprus. *In*: SALOPEK, P. *Out of Eden Walk*. 2014. Disponível em: https://outofedenwalk.nationalgeographic.org/milestones/2014-07-milestone-21-cyprus/#introduction. Acesso em: 20 fev. 2024.
9. Todas as citações e imagens dos alunos neste capítulo vêm de dados coletados do projeto Out of Eden Learn. O acesso dos estudantes à plataforma do projeto é protegido por senha, e os dados coletados são anonimizados. Para manter o anonimato dos alunos e cumprir as convenções de revisão de pesquisa universitária, nenhuma citação é anexada às falas dos alunos neste capítulo, de modo que nenhuma informação de identificação dos estudantes seja fornecida. Além disso, a idade associada às citações dos alunos é aproximada. Isso ocorre porque os alunos entram na plataforma como uma sala de aula: o ano escolar da sala de aula é conhecido, mas a idade do aluno é aproximada, já que há uma faixa etária média em dado ano. As citações no capítulo fornecem informações sobre a idade aproximada dos alunos, em vez do ano escolar deles, porque a numeração dos anos varia entre os países. Mais informações em PROJECT ZERO. *Out of Eden Learn*. 2024. Disponível em: https://learn.outofedenwalk.com/. Acesso em: 20 fev. 2024.
10. HOROWITZ, A. *On looking*: eleven walks with expert eyes. New York: Scribner, 2013.

11. SALOPEK, P. Watch: an ancient prairie comes back to life. *In:* SALOPEK, P. *Out of Eden Walk*. 2016. Disponível em: https://outofedenwalk.nationalgeographic.org/articles/2016-06-watch-an-ancient-prairie-comes-back-to-life/. Acesso em: 20 fev. 2024.
12. HOROWITZ, A. *On looking*: eleven walks with expert eyes. New York: Scribner, 2013. p. 186.
13. HONORÉ, C. *In praise of slow:* how a worldwide movement is challenging the cult of speed. Toronto: Vintage Canada, 2004.
14. Ver, por exemplo, MINDFUL SCHOOLS. c2023. Disponível em: http://www.mindfulschools.org/. Acesso em: 20 fev. 2024.

# OBSERVAR E DESCREVER

O olhar atento e a descrição estão inevitavelmente ligados, porque, quando reservamos um tempo para observar as coisas de perto, geralmente também as descrevemos, seja para os outros, seja para nós mesmos. Vimos isso com os alunos do programa Out of Eden Learn e podemos facilmente imaginar nós mesmos fazendo isso. Suponha que eu peça que você pense em algumas frases para descrever a página ou a tela em que você está lendo estas palavras. Pode parecer estranho, mas, quando você chegar na sua terceira frase, provavelmente notará características das quais não estava ciente inicialmente: talvez a largura das margens ou a textura da superfície da página. Além disso, como este é um livro sobre o olhar atento, você está em uma boa posição para procurar detalhes visuais de uma maneira que você não estaria se estivesse lendo um livro diferente. O processo de compor uma descrição impulsiona nossas percepções para que literalmente vejamos mais coisas, e a mentalidade que trazemos para a experiência molda o que vemos.

Este capítulo analisa várias maneiras pelas quais o olhar atento e a descrição estão conectados. Vamos começar de maneira simples, com uma definição. Descrever é o processo de representar como algo se parece, a fim de capturar ou comunicar uma sensação vívida de como essa coisa é. A palavra é derivada do latim *describere*, que significa registrar por escrito. Normalmente associamos a descrição à expressão linguística, como uma entrada em um diário ou a verbalização de uma observação, mas as descrições não precisam se limitar a palavras. Por exemplo, o desenho observacional é uma forma de descrição, porque envolve a representação pictórica da aparência de algo. A música ou o som podem ser descritivos quando usados para transmitir uma impressão vívida de uma experiência, como palmas para descrever o som de um trovão ou uma peça musical que evoca a sensação de uma cena pastoral. O movimento também pode ser uma forma de descrição — quando alguém usa as mãos para descrever a altura de um amigo, por exemplo, ou quando um dançarino desdobra seu corpo para representar o nascer do sol.

Para ver como a descrição funciona, vamos começar com as palavras. Considere esta passagem do romance americano *As aventuras de Huckleberry Finn*. Huck está observando o sol nascer sobre o rio Mississippi. Veja como a descrição descontraída dele molda cada percepção à medida que ela se desenrola.

> Não há som algum. Tudo está perfeitamente imóvel, como se o mundo inteiro estivesse dormindo, tirando os sapos, talvez, que eventualmente fazem algum barulho. A primeira coisa que se via quando se olhava para a água era como se fosse uma linha apagada; era a mata d'outro lado; não dava para ver mais nada. Então apareceu um ponto claro no céu, e a claridade foi se espalhando; o rio, ao longe, começou a ficar mais suave e deixou de ser preto para ficar cinza; dava para ver pequenas manchas escuras flutuando, muito distantes — barcos de pesca e coisas assim [...].[1]

Podemos sentir a visão de Huck da cena se expandir e tomar forma conforme ele expressa suas palavras. Essa não é apenas uma técnica literária: cientistas e poetas usam o processo de descrição verbal para trazer suas observações para um foco melhor, assim como os artistas visuais usam o processo de fazer esboços para "ver" o que veem. A descrição é um mecanismo relevante do olhar atento. Ela impulsiona o processo de observação porque fornece estruturas para aprofundar o olhar. Mais do que isso, os métodos e quadros mentais que trazemos para o ato de descrição moldam profundamente o que vemos. Por exemplo, na passagem acima, vemos o nascer do sol pelos olhos de Huck — e, como Huck é um personagem fictício, também o vemos pelos olhos do autor. Se Huck fosse um tipo diferente de personagem, um pescador do Mississippi, digamos, em vez de um menino de 14 anos, ele poderia ter observado mais detalhes nas pequenas manchas escuras que ele passivamente chama de "barcos de pesca e coisas assim". Se o autor, Samuel Clemens (mais conhecido como Mark Twain), não tivesse passado um tempo na juventude trabalhando como piloto de barco no Mississippi, seu personagem Huck poderia estar menos sintonizado com a maneira como o rio "começou a ficar mais suave" conforme o céu o iluminava ao amanhecer.

## Características da descrição

Tendemos a usar a palavra "descrever" muito vagamente. Por exemplo, falamos sobre descrever nossos pensamentos, nossos sentimentos ou nossas impressões. Podemos descrever uma viagem de ônibus que fizemos, uma refeição que comemos ou nossas opiniões sobre o sentido da vida. Mas, quando se trata do olhar atento, a descrição se refere principalmente a fenômenos que são observáveis pelos sentidos. Assim, este capítulo trata das descrições de tais fenômenos — ou seja, das descrições de coisas que podemos ver, ouvir, cheirar, sentir e saborear. Com isso em mente, reserve um momento para refletir sobre esta pergunta: o que faz uma descrição ser uma descrição? Você pode achar a pergunta difícil de responder com palavras, mas fácil de responder intuitivamente. Você saberia identificar uma descrição quando visse ou ouvisse uma e saberia como produzi-la quando solicitado. Por exemplo, suponha que eu peça que você me dê uma descrição da vista do lado de fora da sua janela. Você entenderia imediatamente que estou pedindo que você me conte sobre as várias características observáveis da cena: os objetos que você vê, a forma da paisagem, a cor dos edifícios ou do céu e assim por diante. Sem pensar muito sobre isso, você também entenderia que não estou pedindo uma história do seu bairro, ou uma análise da inclinação política de seus vizinhos, ou um longo discurso sobre o estado das vizinhanças no mundo de hoje. Em vez disso, meu pedido é perfeitamente direto — estou simplesmente pedindo uma descrição que me ajude a imaginar por mim mesma o que você vê e sente.

## A descrição como uma "estrutura cognitiva"

O acadêmico Werner Wolf fala sobre a descrição como uma "estrutura cognitiva".[2] Com isso, ele quer dizer que, quando nos envolvemos no ato de descrever algo — e também quando lemos, ouvimos ou recebemos descrições elaboradas por outros —, estamos mentalmente sintonizados com certos tipos de características conhecíveis. Mais especificamente, estamos atentos à aparência das coisas. Como Wolf explica, as descrições visam a comunicar o "o quê" das coisas — a forma como os objetos e fenômenos parecem ser em sua superfície, em vez de por que eles existem, como funcionam ou para que servem. A razão pela qual você entende tão prontamente o que estou pedindo quando peço que descreva a vista de sua janela é que você intuitivamente utiliza essa estrutura cognitiva — você sabe que estou interessada no "o quê" do que você vê.

Uma maneira de realçar o conceito de descrição é compará-la com outras estruturas cognitivas. Na literatura, por exemplo, a descrição contrasta com a narrativa. Uma passagem descritiva em uma obra literária — seja um romance, um conto, um ensaio ou um poema — transmite a sensação de como algo se parece em um determinado momento no tempo, enquanto uma passagem narrativa conta a história de coisas que acontecem ao longo de um período. Outra maneira de dizer isso é afirmar que a descrição é topográfica — ela descreve características perceptíveis. A narrativa é temporal — ela está ligada à relação entre passado, presente e futuro.

É claro que a maioria das obras de literatura entrelaça descrição e narrativa, e a distinção entre elas não é uma linha nítida, mas sim uma questão de ênfase. Pense na passagem de *Huckleberry Finn*. Enquanto Huck descreve o nascer do sol sobre o rio Mississippi, o tempo certamente está passando — especificamente o tempo que o sol leva para nascer. Mas a ênfase da passagem é descritiva — ela coloca em primeiro plano uma sensação de presença enquanto Huck relata suas impressões. Embora a cena se desenrole ao longo de vários momentos, não temos problemas em mantê-la firme em nossa mente para imaginá-la.

Mesmo cenas que se desdobram ao longo de anos podem transmitir essa sensação de presença. Aqui, o escritor de natureza Barry Lopez descreve a migração de renas em seu livro *Arctic dreams*:

> Depois que os rebanhos vão embora, o solo congelado do terreno pode parecer o lugar mais deserto da Terra, mesmo com a forte impressão de que as renas voltarão no próximo ano. Quando elas voltarem, quase nada terá mudado. Uma pilha de excrementos de rena pode levar 30 anos para ser remineralizada no solo congelado. A carcaça de uma rena morta por um lobo pode permanecer intacta por três ou quatro anos. O tempo se acumula na serenidade do lugar e depois se dissipa. A área fica sem nenhum movimento.[3]

Essa presença é uma qualidade importante das descrições. Werner Wolf ressalta que as descrições tendem a não evocar um senso de suspense, que é em parte como elas funcionam como estrutura cognitiva. Não esperamos que as descrições nos deixem aflitos, aguardando para ouvir o que acontece a seguir. Em vez disso, esperamos que elas evoquem uma sensação vívida das coisas como elas são, agrupadas em um momento — mesmo que prolongado — para que evoquem uma imagem ou impressão sensorial.

As estruturas descritiva e narrativa também contrastam nas artes visuais. Embora as artes visuais tendam a usar o termo "representação" em vez de "descrição", ele tem o mesmo sentido, que é transmitir um senso vívido de uma aparência. Superficialmente, pinturas e esculturas podem parecer ser especialmente descritivas em espírito, em grande parte porque essas formas de arte são estáticas e, portanto, parecem ser "sobre" como as coisas se parecem em um determinado momento. Mas é claro que pinturas e esculturas também contam histórias — muitas histórias. Por exemplo, uma pintura de um campo de batalha conta a história de um evento histórico. Ela também conta uma história de uma mentalidade cultural, bem como uma história biográfica sobre o artista e seu tempo; talvez também conte uma história sobre o processo criativo por trás das várias escolhas que o artista fez. Em contraste, a dimensão representativa de uma escultura tem mais a ver com a forma como partes específicas do trabalho são representadas para transmitir de modo vívido a aparência superficial de objetos ou eventos. A representação pode ser da renda de um colarinho, da ondulação de uma onda oceânica ou até dos tendões tensos no pescoço de um cavalo. Como acontece com a descrição verbal, o propósito do "o quê" pictórico é ser evocativo. Seu objetivo é evocar uma impressão sensorial vívida da coisa que retrata. Os artistas têm muitas maneiras diferentes de evocar essas impressões vívidas; isso faz parte do fazer artístico: as linhas livres e graciosas das figuras de Matisse são tão descritivas da forma humana quanto os desenhos intensos e lindamente detalhados de Leonardo da Vinci.

Na ciência, a estrutura cognitiva que contrasta com a descrição é diferente. Em vez de ser narrativa, é explicativa. Os cientistas às vezes distinguem entre pesquisa descritiva, que tem a ver com observar, registrar e classificar fenômenos naturais sem uma pergunta de pesquisa específica em mente, e pesquisa orientada por hipóteses, que se concentra na produção de explicações de como algo funciona, muitas vezes por meio de experimentação. Essa é uma caracterização ampla — e, novamente, as duas coisas podem convergir: praticamente todos os cientistas estão preocupados com a explicação em algum nível de seus trabalhos, assim como todos os cientistas devem basear seus trabalhos em dados objetivamente observáveis (ou seja, "descritivos"). Porém, claramente alguns esforços científicos têm um foco especial no "o quê" das coisas, enquanto outros se concentram no como e no porquê. Por exemplo, o trabalho de um biólogo marinho pode ter um tom mais descritivo quando ele está explorando uma região inexplorada do fundo do oceano e um tom mais explicativo mais tarde, quando ele está examinando os efeitos da temperatura do oceano na população de peixes daquela região. E, mesmo que descrição e explicação possam convergir na prática científica, cada classificação tem seus próprios movimentos e padrões. A descrição envolve observar e registrar detalhes percebidos por meio dos sentidos diretamente ou com o auxílio de instrumentação. Além disso, os fenômenos descritos devem ser observáveis por outros, pelo menos em teoria. A explicação envolve buscar causas, fazer inferências, formular e testar hipóteses e fazer previsões.

O que tudo isso tem a ver com o olhar atento? Como a descrição, o olhar atento envolve uma estrutura cognitiva que se concentra no que as coisas são. Ele prioriza perceber como as coisas são, em vez de contar uma história sobre por que elas são do jeito que são ou como surgiram.

## Descrição e detalhamento

> Eu tenho uma velha cadeira de escritório de madeira que range, gira, inclina e desliza [...] É a chamada cadeira de banqueiro, com um assento afundado, braços curvos e encosto contornado [...].[4]
>
> (Witold Rybczynski)

Além de serem uma estrutura cognitiva distinta, as descrições tendem a ter algum grau de detalhe. Se você me pedir para descrever o objeto em que estou sentada e eu simplesmente disser "uma cadeira", você provavelmente não ficará satisfeito. Você iria querer pelo menos algumas informações a mais, como o estilo da cadeira, de qual material ela é feita e se, como a cadeira de Rybczynski, ela "gira, inclina e desliza". Para que uma descrição cumpra sua função de evocar uma impressão vívida, ela geralmente precisa ir além de um identificador de uma única palavra. Há muitas maneiras de resolver esse problema: características podem ser enumeradas, comparações podem ser feitas, aspectos essenciais podem ser enfatizados, qualidades-chave podem ser trazidas. Aqui está outra descrição do nascer do sol, dessa vez do romance *Na ponta dos dedos*, de Sarah Waters. Como no nascer do sol de Huck, há a presença de manchas perto do horizonte, mas a sensação é muito diferente.

> *A manhã chegou.* — Eu pensava nela como um ovo que se partiu com uma rachadura e começou a se espalhar. Diante de nós estavam os campos verdes da Inglaterra, com seus rios e suas estradas e seus arbustos, suas igrejas, suas chaminés e seus fios de fumaça. As chaminés ficavam mais altas, as estradas e os rios mais largos, os fios de fumaça mais espessos, quanto mais o campo se estendia; até que, finalmente, no ponto mais distante de todos, havia uma mancha, um borrão, uma escuridão — uma escuridão, como a escuridão do carvão em uma lareira —, uma escuridão que foi quebrada, aqui e ali, onde o sol batia nos painéis de vidro e nas pontas douradas de cúpulas e campanários, com pontos brilhantes de luz.
>
> "Londres", eu disse. "Ah, Londres!"[5]

Às vezes, a evocatividade é alcançada ao serem fornecidos muitos detalhes, como na descrição de Londres de Sarah Waters. Mas também pode ser alcançada por meio de uma parcimônia concentrada. *Haiku* é uma forma de poesia que é decididamente descritiva, pois é sobre capturar o sentido imediato de algo. Mas um *haiku* consiste em apenas três breves linhas. Seu comprimento às vezes é descrito como o tempo que se leva para respirar uma única vez, e sua evocatividade vem da justaposição artística de um pequeno número de elementos.

> Um rio, no verão, sendo atravessado
> Que agradável
> Com minhas sandálias na mão
>
> (Yosa Buson, século XVIII)

Os detalhes sobressalentes desse poema se fundem perfeitamente para evocar uma impressão sensorial vívida: consigo ouvir o rio correndo, senti-lo fluindo sobre meus pés e tornozelos descalços, sentir o cheiro do frescor do ar (imagino um rio em uma montanha), mesmo que esses detalhes não sejam explicitamente descritos.

## Descrição e a distinção entre sujeito e objeto

Outra característica da descrição tem a ver com o sentido de distância, ou separação, entre o observador e o objeto descrito. Descrever algo envolve fazer uma distinção entre sujeito e objeto. Para ter o ponto de vista de um observador, imaginamos pelo menos alguma parte de nós mesmos fora da coisa observada.

Muitos filósofos e pesquisadores de semiótica pensaram profundamente sobre enigmas intrincados relacionados à percepção humana da distinção entre sujeito e objeto, ponderando como a adquirimos, o que ela significa e se tal distinção é mesmo logicamente sustentável, dadas as limitações internas da mente humana. Com muito respeito, ando na ponta dos pés nas bordas desse vasto corpo de trabalho e destaco o simples ponto de que nossa compreensão intuitiva do conceito de descrição inclui a sensação de que há uma certa distância entre o descritor e o descrito; caso contrário, nosso senso de "eu" fluiria para tudo ao nosso redor, e não teríamos nenhum sentimento de demarcação entre nós e as outras coisas. Para ter uma ideia do que quero dizer, retorne à cena do lado de fora de sua janela que pedi para você descrever. Não importa o quão subjetivamente você esteja envolvido com o que vê, quando pedi uma descrição, você provavelmente estabeleceu de imediato uma certa distância cognitiva entre a cena e você mesmo. Em outras palavras, você conceituou a cena como algo que pode ser conhecido fora da sua própria mente e do seu próprio corpo. Isso não significa necessariamente que você adotou uma postura objetivista. Existem muitas camadas de distância entre o descritor e o descrito, tanto através quanto dentro das perspectivas disciplinares. Um naturalista pode adotar uma abordagem tranquila e objetiva para descrever suas observações de campo; outro pode adotar uma postura mais animada e envolvente. Alguns jornalistas fazem seus relatos em um estilo objetivo e imparcial, e outros, como Paul Salopek, estão inseridos nas histórias sobre as quais escrevem e tornam sua própria experiência parte da história.

Em breve, abordaremos algumas estratégias específicas para criar descrições. Mas antes, um resumo rápido do que vimos até agora. As seções anteriores discutiram três aspectos do nosso entendimento comum sobre a descrição. Primeiro, entendemos a descrição como uma estrutura cognitiva que orienta nossa atenção para as características superficiais das coisas. Ela contrasta com uma estrutura cognitiva narrativa, que enfatiza o desenvolvimento de uma narrativa, e com uma estrutura cognitiva explicativa, que enfatiza a análise e a interpretação de algo. Em segundo lugar, entendemos que as descrições vão além de meramente dar nome às coisas: descrever algo significa oferecer uma representação suficientemente vívida para evocar uma impressão da coisa descrita. Por fim, entendemos que o ato de descrição envolve fazer um movimento mental de distinguir sujeito e objeto: descrever algo é assumir, pelo menos momentaneamente, uma separação entre o observador e a coisa descrita.

A descrição e o olhar atento frequentemente estão conectados porque se apoiam mutuamente. No processo de olhar atentamente para algo, descrever o que vemos pode nos ajudar; quando estamos compondo uma descrição, desacelerar para olhar mais de perto nos ajuda. Mas, embora os dois estejam frequentemente ligados, eles não necessariamente precisam estar. Por exemplo, a descrição envolve alguma forma de representação ou relato do que se vê; no entanto, existem versões conscientes e meditativas do olhar atento que enfatizam estar alerta ao fluxo de impressões sensoriais enquanto elas nos envolvem, sem fazer um esforço consciente para articulá-las ou "representá-las". Da mesma forma, o olhar atento envolve ir além de uma olhada rápida, e existem técnicas de descrição que intencionalmente visam a capturar a sensação de *não* ir além de uma olhada rápida. Por exemplo, o que às vezes é chamado de fluxo de consciência, ou escrita impressionista, visa a capturar um fluxo rápido e irrefletido de impressões e sentimentos sensoriais imediatos. Mas mesmo esses exemplos periféricos compartilham uma estrutura cognitiva com o olhar atento — uma mentalidade que enfatiza o "o quê" em vez do "como", do "porquê" ou do "onde". Então, entender como funciona a descrição é entender uma dimensão importante do olhar atento.

## O OLHAR ATENTO E ESTRATÉGIAS DE DESCRIÇÃO

Pessoas que estudam como a mente funciona, tanto filósofos quanto cientistas, podem argumentar que qualquer tipo de representação mental consciente das coisas envolve descrição, porque não podemos evitar o uso de estruturas cognitivas para moldar nossas ideias. Em outras palavras, com exceção das práticas de atenção plena e da escrita do fluxo de consciência, descrevemos nossas impressões sensoriais para nós mesmos, porque não há outra maneira de tomarmos consciência delas. Tecnicamente, isso pode ser verdade, mas, do ponto de vista da experiência do dia a dia, entendemos imediatamente a diferença entre compor intencionalmente uma descrição e apenas "ter" uma impressão sensorial. Para entender o que quero dizer, experimente o seguinte: olhe ao seu redor e observe um objeto próximo. Diga rapidamente a si mesmo o que é e, em seguida, desvie os olhos. Agora, olhe para o mesmo objeto novamente e reserve alguns minutos para descrevê-lo mentalmente, como se você estivesse dizendo a alguém como ele se parece. Se você dedicar algum tempo a esse exercício, você poderá notar que o ato de compor a descrição ajuda a manter o foco de atenção e aumenta seus poderes de observação. Ao começar a descrever as coisas, você quase certamente notará mais do que pensou ter visto na primeira impressão.

## Procure detalhes

A ideia de que descrever inspira um olhar mais atento é familiar para qualquer um que ensine escrita: dê aos alunos a tarefa de escreverem uma descrição detalhada de um objeto ou uma cena e, no processo, eles vão registrar muito mais aspectos do que viram inicialmente. Portanto, do ponto de vista educacional, uma das maneiras mais simples de ensinar o olhar atento é dar aos alunos tempo e incentivo para descreverem por escrito o que eles veem. Vimos essa estratégia em ação no programa Out of Eden Learn, discutido no capítulo anterior. O programa deu tempo suficiente para os estudantes usarem imagens e palavras para descrever cenas comuns de suas vidas cotidianas. O processo de elaborar essas descrições e compartilhá-las com os colegas funcionou exatamente como deveria: encorajou os alunos a desacelerarem e perceberem os detalhes de seu entorno.

Perceber as coisas é algo fundamental para uma das abordagens descritivas mais comuns: fornecer um grande número de detalhes. Um belo exemplo vem do trabalho do fotógrafo e naturalista David Liittschwager. Em uma mistura de ciência e arte, seu projeto *One cubic foot* envolve inserir uma estrutura aberta de 1 pé cúbico (0,02 m$^3$) em uma variedade de ambientes naturais, do Central Park, em Nova York, à Table Mountain, na África do Sul. (Versões coloridas das fotografias de David podem ser encontradas na internet.)

Em cada instalação, ele trabalha com vários colaboradores para descrever e fotografar em detalhes todas as criaturas vivas que vivem ou se movem

**FIGURA 4.1** Table Mountain, Cidade do Cabo, África do Sul.

*Fonte:* © David Liittschwager, de sua série *One cubic foot*. Foto cortesia do artista.

pelo espaço delimitado ao longo de 24 horas. Aqui está um trecho de um dos primeiros colaboradores de David Liittschwager, o biólogo Edward Osborne Wilson, descrevendo o que ele vê em um dos cubos:

> Há incontáveis insetos rastejando e zumbindo entre o mato, vermes e criaturas inomináveis que se contorcem ou correm para buscar abrigo quando você revira o solo do jardim para plantar. Há aquelas formigas irritantes que saem em um enxame quando seu formigueiro é acidentalmente aberto e larvas desagradáveis de besouros expostas em raízes de grama amareladas. Quando você vira uma pedra, há ainda mais: você vê aranhas e vários pontinhos incógnitos de diversas formas deslizando por uma relva de fibras de fungos. Besouros minúsculos se escondem da luz repentina, e tatuzinhos enrolam seus corpos em bolas defensivamente. Centopeias e milípedes, as cobras blindadas de sua classe de tamanho, se espremem nas fendas e nos buracos de minhoca mais próximos.[6]

A descrição de Edward é uma reminiscência do *inventário*, a estratégia de observação interdisciplinar que foi discutida no Capítulo 2. Mas Edward Wilson faz mais do que apenas elaborar uma lista: sua descrição vívida — incluindo os movimentos rastejantes, escorregadios e contorcidos e os zumbidos dos insetos — usa uma abundância de detalhes para ganhar vida.

Elaborar com base em detalhes é quase sinônimo de nossa ideia cotidiana de descrição, e são muitas as estratégias e os conselhos sobre como fazer isso. Os professores de escrita dizem a seus alunos para perceberem as coisas com todos os sentidos (o que você vê, escuta, sente, experimenta?) — para que eles possam elaborar com base no que veem, para que possam observar em câmera lenta, para que possam dar mais detalhes. O movimento central por trás de todas essas estratégias é procurar por *mais* — mais recursos, mais particularidades, mais nuances, mais detalhes.

## Observe de diferentes pontos de vista

Além de procurar detalhes, uma segunda estratégia complementar para ajudar na descrição é observar de diferentes pontos de vista. Essa abordagem tem a ver com mudar a perspectiva para ver as coisas de uma nova maneira. Existem três tipos de estratégias para isso, que são partes já conhecidas da prática descritiva.

## Ponto de vista físico

Isso tem a ver com alterar a perspectiva física de alguém para ver e descrever as coisas de um ângulo diferente. Esse tema já é familiar: no Capítulo 2, analisamos como a estratégia de observação de *escala e escopo* enfatiza olhar para as coisas do ponto de vista de diferentes perspectivas físicas — de longe ou de perto, acima ou abaixo. Da mesma forma, no último capítulo, vimos como os alunos do programa Out of Eden Learn tiraram fotografias de perspectivas físicas incomuns (como a vista de cima de uma árvore ou uma paisagem urbana refletida em uma poça) e, muitas vezes, usaram suas fotos como inspiração para uma extensa descrição verbal.

Um exemplo clássico e ainda impressionante de descrição de ponto de vista é o curta-metragem de 1977 chamado *Powers of ten*, produzido pelos *designers* Charles e Ray Eames.[7] O filme começa com uma cena aérea de duas pessoas fazendo um piquenique em um parque em Chicago. A primeira cena é filmada um metro acima do casal, e a cada 10 segundos a cena muda para 10 vezes acima da distância anterior — primeiro para 10 metros acima, depois cem, depois mil e assim por diante. Em cada ponto, o narrador descreve brevemente a visão. Vemos todo o parque à beira do lago, depois a costa de Chicago e, depois de mais algumas cenas, a esfera azul da Terra e todo o sistema solar. Mais algumas cenas nos lançam através da Via Láctea e para fora da galáxia, até que, eventualmente, estamos a 100 milhões de anos-luz de distância da Terra. Desse ponto, a vista é em maior parte escura, com apenas algumas manchas de luz a distância. O narrador descreve: "Esta cena solitária, as galáxias como poeira, é com o que a maior parte do espaço se parece".[7] Nesse ponto, a câmera inverte sua jornada e rapidamente volta à Terra, até alcançar a mão do homem dormindo em cima da toalha de piquenique. Aqui, ela desacelera novamente para seu ritmo de potência de 10 para dar um *zoom* na pele do homem, reduzindo a distância em 90% a cada 10 segundos. O narrador retoma a descrição dos seus pontos de vista: primeiro viajamos através de camadas da pele para dentro de um vaso sanguíneo; seguimos através das camadas externas de células e "colágeno aveludado" para dentro de um glóbulo branco; depois viajamos através das "espirais do DNA", até chegarmos ao núcleo vibratório de um único átomo de carbono. O filme inteiro tem 9 minutos de duração.

## Tornar o familiar estranho

Os pontos de vista deslumbrantes e, às vezes, vertiginosos que experimentamos em *Powers of ten* apontam para outro tipo de estratégia: a de tornar o familiar estranho.

Suponha que você seja uma criatura de quatro patas que vive contente na floresta. Um dia, você se depara com um objeto muito incomum: um recipiente semelhante a uma bolsa de couro, mais ou menos com o tamanho e a forma de um esquilo, mas oco e sem a cauda, com o que parecem ser galhos de trepadeiras entrecruzados enfiados através de buracos na parte de cima dele. Você cheira com cautela — tem o cheiro de um animal grande. Mais tarde, você descobre que o objeto é chamado de sapato humano.

Olhar para algo de um ponto de vista que o desfamiliariza dessa coisa é uma estratégia comum de descrição. Semelhante ao que os alunos do Out of Eden Learn chamaram de *ver com novos olhos*, essa estratégia consiste em dar uma sacudida no que tomamos como certo para que vejamos as coisas sob uma nova luz. A estratégia faz parte dos recursos utilizados por antropólogos e sociólogos, que muitas vezes tentam se desfamiliarizar de seus próprios pressupostos culturais, a fim de descrever o comportamento humano e a cultura a partir de uma nova perspectiva. Por exemplo, uma antropóloga cultural pode optar por olhar para o objeto de metal espetado ao lado de seu prato de jantar não como um garfo, mas como um artefato desconhecido que oferece uma janela para os costumes e as convenções de uma tribo distante. Esse movimento mental, de se distanciar intencionalmente das suposições cotidianas, também é um elemento comum de estratégias destinadas a incentivar a resolução criativa de problemas e a inovação. A ideia básica é descrever um problema de um ponto de vista desconhecido, a fim de explorar novas soluções. Uma dessas abordagens é a sinética, uma abordagem criativa de resolução de problemas que enfatiza a criação de analogias como um caminho para chegar a *insights* criativos.[8] A técnica envolve tornar o familiar muito, muito estranho, buscando intencionalmente comparações altamente incomuns para desencadear ideias. Por exemplo, vamos supor que estejamos tentando projetar um par de óculos dobráveis que possam caber dentro de uma carteira. Em vez de vermos isso como um problema envolvendo dobradiças, talvez devêssemos experimentar comparar o problema com, digamos, uma aranha tentando passar por baixo de uma porta. Ou, se isso não funcionar, podemos comparar com as articulações do joelho de um alce andando pela neve. Ou, se isso não funcionar... bem, você entendeu a ideia.

## Assumir personas diferentes

A terceira estratégia de ponto de vista para descrever pode ser a mais familiar de todas: é a estratégia de descrever as coisas do ponto de vista de uma persona diferente da sua. Crianças pequenas fazem isso quando brincam de faz de conta; artistas e escritores fazem isso quando criam personagens; todos nós fazemos isso quando tentamos imaginar ou ter empatia com a vida de outras pessoas. No sentido mais amplo, a ficção é definida pela adoção de personas, porque se trata de contar histórias do ponto de vista de personagens imaginadas. Quando a persona descreve o "o quê" do mundo que ela encontra, isso se torna uma estratégia descritiva. Normalmente, o ponto de vista da persona é humano, mas não precisa necessariamente ser. O romance *Metamorfose* de Franz Kafka é contado a partir da perspectiva de Gregor, um jovem que acorda um dia e se vê transformado em uma barata gigante.[9] A descrição de Kafka da vida de Gregor por esse ponto de vista não apenas comunica o incrível horror e a inconveniência de ter o corpo de um inseto gigante em um mundo feito para humanos — um eco da estratégia de "tornar o familiar estranho", discutida anteriormente —, mas também capta os sentimentos de alienação e isolamento experimentados pelo indivíduo radicalmente distinto.

A estratégia de assumir personas não humanas incomuns não se limita a criaturas animadas. Com uma essência completamente singular, a história infantil *I, Doko: the tale of a basket* descreve a vida de uma família em uma aldeia nepalesa pela perspectiva de uma grande cesta.[10] A cesta conta como carrega os bebês da família, os pacotes e, por fim, seus idosos enfermos. As descrições da vida familiar que a cesta compartilha de sua perspectiva única são pungentes e surpreendentes.

Apesar dos exemplos de uma cesta nepalesa e de um inseto gigante, a persona mais comum que as pessoas assumem é, de longe, a perspectiva de outro ser humano. Estamos todos familiarizados com as ideias relacionadas a essa estratégia de se colocar no lugar de outra pessoa ou ver o mundo pelos olhos do outro. Oferecemos esses conselhos prontamente em certos contextos, e, em muitas escolas, essas ideias fazem parte de uma educação básica. Nas aulas de linguagens, os estudantes leem e escrevem histórias a partir das perspectivas de outras pessoas; nas aulas de história, eles exploram o passado através das lentes de figuras históricas; nas escolas com programas de arte mais robustos, os alunos experimentam assumir personas por meio do teatro e da dança.

A inclinação para tentar ver o mundo pela perspectiva de outras pessoas é tão comum que a aceitamos quase sem pensar. Mas vale ressaltar que, embora essa seja a mais natural e importante das capacidades humanas, ela também é a mais assustadora. Ela é natural porque é um estágio normal e necessário do desenvolvimento infantil: desde muito novas, as crianças aprendem que outras pessoas podem ver o mundo de maneira diferente da forma como elas veem e que é útil poder imaginar o que essas pessoas enxergam. As linhas pretas que uma criança pinta no rosto representam bigodes de gato, mas, aos três anos de idade, a criança já sabe que sua mãe provavelmente verá as coisas de maneira diferente e vai fazê-la limpar o rosto. Do ponto de vista humanista e social, a capacidade de ver o mundo a partir da perspectiva de outras pessoas é uma das conquistas humanas mais importantes, porque nos permite visualizar e cuidar das necessidades e preocupações dos outros. Mas a facilidade com que podemos imaginar o ponto de vista do outro também pode ser assustadora, devido à velocidade com que isso pode levar a ideias e ações prejudiciais. Colocar-se no lugar de outra pessoa envolve a sensação de ter algum conhecimento sobre como essa pessoa se sente, mas esse conhecimento é sempre incompleto, muitas vezes excessivamente simplista e, às vezes, perigosamente errado. Além disso, mesmo que parte do que pensamos que sabemos seja precisa, é sempre apenas uma parte de um todo: nunca conseguiremos viver plenamente as experiências vividas por outras pessoas. O paradoxo da tomada de perspectiva é que, por um lado, é desrespeitoso com a integridade da experiência de outra pessoa assumir que podemos saber como ela é, particularmente quando a experiência é tão distante da nossa que quase certamente corremos o risco de recorrer a estereótipos para imaginá-la. Por outro lado, sem a capacidade de imaginarmos a experiência do ponto de vista do outro, a humanidade se perde. O valor moral da empatia pode ficar atrás apenas da nossa capacidade de entender seus limites.

Até agora, essa discussão sobre as limitações de assumir perspectivas diferentes ignora as limitações da perspectiva mais comum de todas: a nossa. As três estratégias descritivas que acabamos de discutir — procurar detalhes, tornar o familiar estranho e observar de diferentes pontos de vista

— são todas estratégias que podemos decidir intencionalmente se devemos ou não seguir. Mas não podemos decidir não sermos nós mesmos. E mesmo o ato mais comum de descrição reflete o ponto de vista das expectativas, dos vieses e das suposições baseadas nos contextos que cada um de nós traz para os encontros cotidianos. Se eu descrever para você algumas pessoas que vi no supermercado esta manhã, não será uma descrição neutra: de forma não intencional, eu terei notado e descrito algumas características dessas pessoas e não outras. Por exemplo, posso não ter notado certos detalhes da aparência ou do comportamento dessas pessoas porque eram muito parecidos com os meus, ou talvez eu *tenha* notado essas coisas porque eram diferentes do que estou acostumada. O fato de nós termos uma seletividade enraizada não significa que não podemos mudar ou melhorar a maneira como vemos as coisas normalmente. Há muito que podemos e devemos fazer para aprender sobre nossos próprios vieses e apreciar os limites de nosso próprio conhecimento. Mas *não* vamos conseguir deixar de ter um ponto de vista subjetivo. A seletividade inevitável do olhar — e do coração — humano é relevante não apenas para o processo de descrição, mas também para todo o tema do olhar atento. Esse assunto é retomado no Capítulo 8, que se concentra em como o olhar atento é uma maneira de aprender sobre vários tipos de complexidade no mundo, incluindo a complexidade de nosso próprio envolvimento no ato de olhar.

## Mais do que palavras

A maioria dos exemplos nas seções anteriores caracterizaram a descrição principalmente como uma atividade escrita ou verbal, algo que se desenrola por meio de palavras. Mas as palavras são apenas uma das linguagens do corpo. Assim como observamos o mundo por meio de muitos sentidos, também podemos descrevê-lo por meio de muitas modalidades: pelo som, pelo gesto e, talvez mais notavelmente, pela criação de marcações.

"Desenhar", diz o pesquisador de arte John Berger, "é uma forma de explorar".[11] Seu comentário aponta para o fato de que o processo de descrever o que se vê, no caso do desenho por meio da linha, e não das palavras, funciona tanto como um ato de descoberta quanto como um ato de descrição. Fazer um desenho é olhar com as mãos além de com os olhos. Desenhar é um ato físico, e às vezes é a mão que guia o caminho. "Quando faço meus desenhos", disse o artista Alberto Giacometti, "o caminho traçado pelo meu lápis

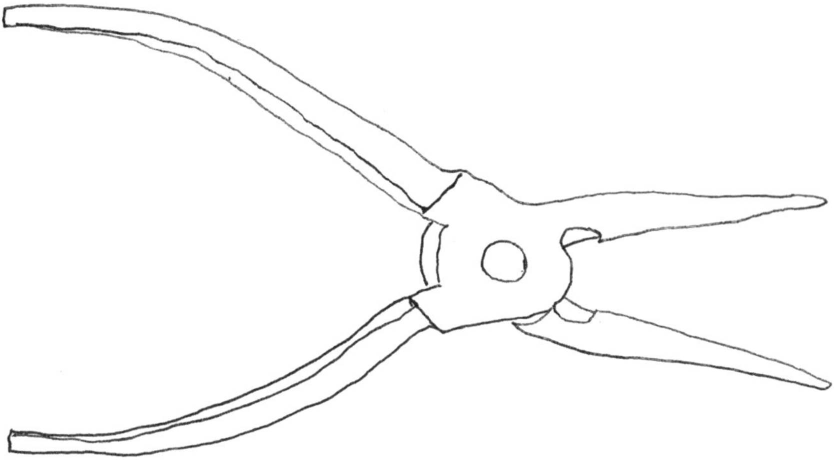

**FIGURA 4.2**
*Fonte:* Desenho de Andrea Tishman.

na folha de papel é, em certa medida, análogo ao gesto de um homem tateando na escuridão".

Minha irmã é artista. O meio principal de produção artística dela é a pintura, mas muitas vezes ela faz esboços em preparação para uma pintura. Ela sempre fala sobre como o esboço a ajuda a ver além dos objetos no centro de seu foco de atenção para que ela descubra as formas que os cercam — o espaço entre os pés de uma cadeira, por exemplo, ou o formato oval aberto entre as alças de um alicate. Um exercício clássico de desenho que traz essa ideia vividamente é o desenho de contorno, uma técnica pela qual se cria uma descrição visual desenhando uma linha contínua que captura todos os contornos visíveis de um objeto ou uma cena. Uma versão ainda mais concentrada do exercício, às vezes chamada de "desenho de contorno cego", envolve traçar os contornos da cena ou do objeto sem olhar para o papel, mantendo os olhos fixos firmemente no objeto observado, para que todo o foco esteja na descoberta visual, e não na criação de uma imagem agradável. Experimente: qualquer versão do desenho de contorno é uma ótima maneira de experimentar a conexão entre o ato de desenhar e o olhar atento.

Os cientistas também usam o desenho como uma forma de olhar atento. Em um ensaio intitulado *Why sketch*, a ilustradora científica Jenny Keller afirma o seguinte:

> [...] desenhar faz você olhar com mais cuidado para o seu tema. Como uma ferramenta de observação, o desenho exige que você preste atenção a todos os detalhes, mesmo os aparentemente sem importância. Ao criar uma imagem (não importa quão habilmente), as linhas e os tons no papel fornecem um *feedback* contínuo sobre o que você observou com atenção e o que não observou. Se, por exemplo, até certo ponto você ignorou os dedos do seu mamífero, uma rápida olhada na criatura sem dedos na página direcionará sua atenção precisamente para essa característica negligenciada. Só o ato de fazer o desenho já vai forçá-lo a examinar cada parte do seu objeto de estudo.[12]

O ensaio de Jenny Keller é um dos vários estudos em um maravilhoso compêndio de textos de cientistas chamado *Field notes on science & nature*, editado por Michael Canfield. Nem todos os cientistas incluem esboços em suas notas de campo, mas muitos o fazem, e pode-se ver na diversidade dos desenhos deles a ampla gama de estilos e propósitos do esboço como parte da observação científica. Jenny Keller faz belas aquarelas de corais e águas-vivas que mostram uma longa e persistente atenção aos detalhes. Os esboços

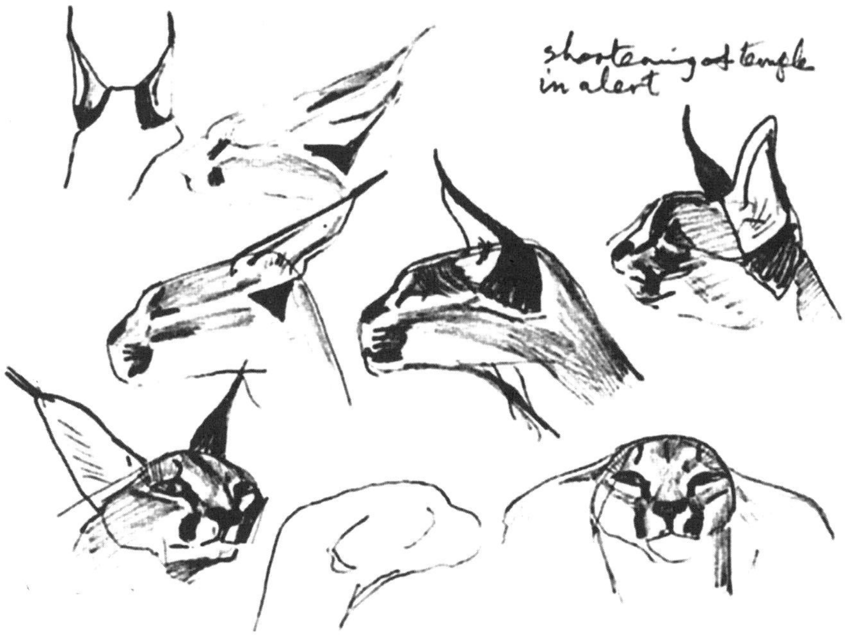


**FIGURA 4.3** Desenhos de um caracal, de Jonathan Kingdon.
*Fonte: Field notes on science and nature*, de Michael Canfield. Reproduzido com a permissão do artista. Imagem cortesia da Harvard University Press.

rápidos e expressivos do zoólogo Jonathan Kingdon mostram o dinamismo da observação enquanto ele captura a vitalidade dos movimentos da cabeça de um *caracal* — um gato selvagem africano.

De uma descrição do nascer do sol sobre o Mississippi aos desenhos de um gato africano, a moral deste capítulo foi demonstrar como o processo descritivo fornece uma estrutura que permite que o olhar atento se desdobre. Huck Finn olha para o rio e amplia o escopo de suas percepções enquanto as descreve vagarosamente. Jonathan Kingdon descobre novas características dos movimentos da cabeça do caracal enquanto escreve e faz esboços em seu caderno de pesquisa de campo. Minha irmã faz um desenho de uma ferramenta do cotidiano e descobre as formas escondidas em seus interstícios. Do ponto de vista da educação, a relação entre a descrição e o olhar atento oferece ricas oportunidades de instrução. Exercícios de escrita podem incentivar os alunos a usarem o olhar atento, solicitando que eles descrevam o que veem de vários pontos de vista diferentes; as atividades de desenho podem encorajar os alunos a desacelerarem e literalmente verem com as mãos. Embora este capítulo se concentre principalmente em palavras e imagens, outras linguagens do corpo também oferecem oportunidades. Lembro-me de assistir a uma professora de jardim de infância mostrar uma pintura abstrata vibrante para seus alunos. Primeiro, ela pediu que escolhessem uma linha ou forma na imagem e fizessem a forma com seu corpo; então ela os instruiu a moverem seu corpo da maneira que eles pensavam que a forma poderia se mover na imagem. A sala de aula irrompeu em uma massa alegre e contorcida de corpos enquanto as crianças ziguezagueavam pela sala. Depois disso, a professora direcionou a atenção dos alunos de volta para a imagem e pediu que eles falassem sobre o que viam nela. Fiquei impressionada com a vivacidade das observações deles.

No centro de todas as atividades descritivas discutidas neste capítulo está a suposição de que a pessoa que descreve — uma pessoa da vida real ou um personagem fictício — está observando o objeto da descrição por si próprio. Os alunos do jardim de infância observam diretamente a pintura, em vez de ouvirem a professora descrevê-la para eles. Os cientistas fazem anotações de campo como resultado de realmente estarem no campo, e não apenas lendo os relatos de outros observadores. A cesta nepalesa tem um assento privilegiado para observar diretamente três gerações de uma família. Esse ponto, sobre a centralidade da observação direta, pode parecer tão óbvio que não vale a pena nem ser mencionado. Porém, na verdade, grande parte da educação é sobre aprender a respeito do que as outras pessoas descrevem — geralmente especialistas —, em vez de olhar por si mesmo. Imagine uma criança absorta em observar uma estrela-do-mar. Ela certamente poderia pegar um livro e ver fotos, ou ler descrições produzidas por observadores muito mais experientes, mas provavelmente teríamos que afastá-la da estrela-do-mar para levá-la a fazer isso. Do ponto de vista da aprendizagem, há algo singularmente poderoso em olhar por si mesmo — o que levanta a questão muito interessante de por que a observação direta é um comportamento de aprendizagem tão atraente e envolvente. O próximo capítulo começa com essa pergunta.

## NOTAS


1. Para uma edição *on-line* de *As aventuras de Huckleberry Finn*, de Mark Twain, ver TWAIN, M. *Adventures of Huckleberry Finn (Tom Sawyer's comrade)*. 2023. Disponível em: http://www.gutenberg.org/files/76/76-h/76-h.htm#contents. Acesso em: 21 fev. 2024. cap. 9.
2. WOLF, W. Description as a transmedial mode of representation: General feature and possibilities of realization in painting, fiction, and music. *In*: WOLF, W.; BERNHART, W. (ed.). *Description in literature and other media*. Amsterdam: Rodopi, 2007. p. 1–87.
3. LOPEZ, B. *Arctic dreams*. New York: Vintage Books, 2001. p. 170–171.
4. RYBCZYNSKI, W. *Now I sit me down:* from klismos to plastic chair: a natural history. New York: Farrar, Straus and Giroux, 2016. p. 3.
5. WATERS, S. *Fingersmith*. New York: Riverhead, 2002. p. 496.
6. WILSON, E. O.; LIITTSCHWAGER, D. *Life within one cubic foot*. 2010. Disponível em: https://www.nationalgeographic.com/magazine/article/life-ecosystems-one-cubic-foot. Acesso em: 21 fev. 2024. Reproduzido com permissão de Edward O. Wilson.
7. POWERS of ten (1977). [*S. l.*: *s. n.*], 2010. 1 vídeo (9 min). Publicado pelo canal Eames Office. Disponível em: https://www.youtube.com/watch?v=0fKBhvDjuy0. Acesso em: 21 fev. 2024.
8. GORDON, W. J. J. *Synectics*: the development of creative capacity. New York: Harper & Row, 1961.
9. KAFKA, F. *The metamorphosis, in the penal colony, and other stories*. New York: Schocken, 1988.
10. YOUNG, E. *I, Doko*: the tale of a basket. New York: Philomel, 2004.
11. BERGER, J. *Bento's sketchbook*. New York: Pantheon, 2011. p. 150.
12. CANFIELD, M. R. (ed.). *Field notes on science & nature*. Cambridge: Harvard University, 2011. p. 161–162.

# VEJA POR SI MESMO... E VISITE UM MUSEU

Imagine que o dia está lindo e você está caminhando por uma praia com uma amiga. Uma onda chega na costa e, quando a água recua, uma concha brilhante é deixada em seu rastro. Sua amiga se abaixa para pegá-la. "Que interessante!", ela diz enquanto examina a concha. "Nunca vi uma concha como esta." Intrigado, você se inclina para olhar, ignorando o impulso fugaz de arrancar a concha das mãos dela para ver melhor. "Aqui", diz ela depois de um momento, entregando a concha para você, "dê uma olhada".

Esse impulso — de dar uma boa olhada por nós mesmos — é tão familiar que mal percebemos. Seja um objeto na natureza, uma obra de arte ou uma comoção na calçada, quando algo desperta nossa curiosidade, tendemos a querer olhar para esse algo com nossos próprios olhos. Claro que nem sempre é prático ver por si mesmo. Pode ser muito caro, demorado ou exigir habilidades e treinamentos especializados que não temos. Biólogos da vida selvagem podem viajar pelo mundo para observar animais em seus hábitats naturais. A maioria de nós simplesmente visitará o zoológico. Ainda assim, há muitas situações cotidianas, como a da concha, em que o impulso de analisar por si mesmo pode ser satisfeito com relativamente pouco esforço — tudo o que precisamos fazer é dar uma olhada. Mas, mesmo que o caminho para a satisfação pareça simples, existem algumas maneiras interessantes pelas quais nossa jornada pode ser frustrada.

Por exemplo, suponha que, em vez de mostrar a concha, sua amiga a mantivesse escondida nas mãos e começasse a descrever suas características em detalhes elaborados. Provavelmente você acharia isso muito insatisfatório, mesmo que pudesse visualizar perfeitamente a concha pela maneira como ela a descreveu. Ou suponha que, em vez de mostrar a concha, sua amiga casualmente a jogasse de volta nas ondas. Talvez não fosse nada demais, mas provavelmente, quando ela a jogasse para fora do seu alcance, você sentiria pelo menos uma pitada momentânea de curiosidade frustrada. Ou suponha que sua amiga, uma ávida colecionadora de conchas, usasse o celular dela para pesquisar a concha no Google e imediatamente determinasse seu gênero e sua espécie. Você poderia achar curioso o que ela descobriu, mas não seria o suficiente: você ainda iria querer olhar para a concha por si mesmo.

É claro que é improvável que essas coisas aconteçam. Como a maioria das pessoas, sua amiga instintivamente entenderia o seu desejo de ver por si mesmo e gentilmente lhe entregaria a concha. Você a examinaria por um momento, virando-a em suas mãos, e perceberia algumas de suas características marcantes: as estrias coloridas na casca externa, o seu interior esmaltado brilhante. Satisfeito com sua curiosidade, você devolveria a concha à sua amiga. Ela colocaria a concha no bolso, e vocês dois retomariam a caminhada.

O impulso de olhar para as coisas por nós mesmos é irreprimível e onipresente. Pense em quantas vezes por dia você faz uma pausa para observar algo que chama a sua atenção. Há uma razão para isso — e é mais do que simplesmente satisfazer uma faísca passageira de curiosidade. Quando olhamos para as coisas por nós mesmos, absorvemos uma enorme quantidade de informações integradas. Considere a concha, por exemplo. Se você passasse apenas 5 segundos olhando para ela e segurando-a em sua mão, provavelmente notaria a forma, as cores e as texturas dela por dentro e por fora. Você também poderia obter pistas sobre a idade dela (múltiplas cristas concêntricas, por exemplo) e sobre o antigo habitante dela (talvez pelos restos de um músculo fibroso). Além disso, você faria uma conexão entre ela e *você*. Você saberia se já viu esse tipo de concha antes, se é um objeto de interesse para você e se ela se conecta a outras coisas que você sabe. Tudo isso em muito menos tempo do que leva para ler estas palavras.

## AS MUITAS POSSIBILIDADES DE OLHAR POR SI MESMO

Olhar por si mesmo é um comportamento de busca de conhecimento motivado por um espectro de razões. Em uma extremidade do espectro, estão os atos instintivos de observar, que são reações automáticas a estímulos. Por exemplo, se ouvimos um barulho alto atrás de nós, nos viramos para olhar. Nesse extremo do espectro, o impulso de ver por si mesmo é comum à maioria das criaturas sencientes, e sua função é fornecer informações relacionadas à sobrevivência. O impulso avisa a um organismo se há um predador ou outra ameaça iminente nas proximidades, se ele precisa lutar ou fugir, se há comida nos arredores ou se há uma oportunidade reprodutiva disponível. O ato de olhar — ou de cheirar, tocar ou qualquer outra maneira de coletar informações rapidamente com os sentidos — é desencadeado pelo instinto, e não pela intenção consciente.

No outro extremo do espectro, estão os atos de observação movidos por curiosidade ou interesse, e as razões por trás deles são mais variadas. Por exemplo, olhamos para confirmar ou negar a realidade de algo — como quando olhamos pela janela para confirmar se está chovendo. Olhamos por nós mesmos para obter uma imagem holística de algo ou uma leitura rápida de uma situação — como quando olhamos para um restaurante para ver se é o tipo de lugar em que gostaríamos de comer. Olhamos por nós mesmos para ver se podemos imaginar as coisas de forma diferente — por exemplo, quando estudamos o leiaute dos móveis em uma sala e imaginamos como mover as coisas. Olhamos por nós mesmos para experimentar o choque complexo de ver algo horrível ou a emoção de ver algo bizarro — como quando esticamos o pescoço para ver um acidente de carro ou nos maravilhamos com a atuação de um contorcionista. Olhamos por nós mesmos para experimentar aquele prazer pelo qual nos sentimos culpados ao contemplar o proibido, como quando espiamos por trás de portas fechadas. Olhamos por nós mesmos simplesmente para ver o que está lá, como quando fazemos um *tour* por uma nova cidade, olhamos a vitrine de uma loja ou observamos uma concha que nossa amiga pegou ao acaso.

As razões que motivam a observação direta são variadas, mas o traço comum entre elas é que o ato de olhar por si mesmo é cognitivo. Ele foi feito para aprendermos ou percebermos coisas novas. Além disso, olhar por si mesmo é, muitas vezes, uma forma de cognição concentrada, porque mesmo um olhar rápido, como olhar para uma concha, nos possibilita aprender vários tipos diferentes de coisas ao mesmo tempo.

Vale ressaltar que, à medida que nos afastamos do lado mais básico do espectro de sobrevivência, o ato de observar vai se tornando uma experiência mais prazerosa. Seus prazeres são variáveis e complicados — desde o simples prazer de satisfazer a curiosidade até a complexa satisfação de passar uma hora olhando para uma obra de arte. Claro, também há muitas coisas desagradáveis e dolorosas que olhamos por nós mesmos. No entanto, independentemente de o impulso de olhar por nós mesmos ser motivado por interesse, curiosidade, busca de prazer ou simplesmente sobrevivência, o poder de nosso desejo de olhar para as coisas por nós mesmos é persistente e profundo. Tanto é que a humanidade tem uma longa e robusta história de instituições culturais dedicadas a isso.

## O MUSEU MAIS ANTIGO?

Em 1925, o arqueólogo Leonard Woolley fez uma descoberta incomum. Ele e sua equipe estavam escavando um palácio na antiga cidade suméria de Ur. Enquanto cavavam em uma das grandes câmaras internas do palácio, descobriram um grupo de artefatos que, a princípio, pareciam não fazer sentido: fragmentos de estátuas e pedras de várias épocas que pareciam cuidadosamente organizados. Todos os artefatos eram mais antigos do que o local do palácio, e alguns o antecediam em quase 1.500 anos. Além disso, muitos dos fragmentos tinham bordas que pareciam ter sido suavizadas, como se tivessem sido preparadas para uma exibição. Continuando a cavar, Woolley finalmente descobriu vários pequenos cilindros de argila com escritos que descreviam alguns dos artefatos em três idiomas. Não demorou muito para que ele percebesse que os cilindros eram uma versão antiga do que os profissionais de museus chamariam de texto de museu ou rótulos de objetos.

A descoberta de Woolley foi chamada de "o primeiro museu do mundo", e agora sabemos que esse protomuseu foi obra da princesa Ennigaldi, filha de Nabonido, o último rei da Babilônia. Nabonido era conhecido por ser profundamente interessado no estudo da história — talvez especialmente interessado em uma versão da história que justificasse sua reivindicação ao trono, uma vez que conquistou seu reinado pela guerra, e não pela linhagem ancestral. Como princesa, um dos deveres de Ennigaldi era supervisionar a vida religiosa e educacional do reino. A variedade de objetos encontrados em seus aposentos, muitos dos quais foram previamente escavados pelo próprio Nabonido, parecia ser organizada para convidar os espectadores a observá-los de perto e diretamente. Não sabemos exatamente o que a princesa esperava ao exibir os artefatos. Talvez ela esperasse inspirar nos espectadores uma sensação de conexão histórica. Talvez ela quisesse que os espectadores ficassem impressionados com a erudição de sua família ou convencidos da reivindicação histórica da família ao trono. Talvez ela achasse os objetos bonitos ou maravilhosos e desejasse que outros tivessem o prazer de vê-los. Talvez todas as opções acima. O que sabemos é que a câmara da princesa, com sua exibição de artefatos com curadoria, se assemelha muito ao que nossa visão contemporânea reconheceria facilmente como um museu.

## A IDEIA DE MUSEU

Os museus são instituições culturais dedicadas ao prazer e ao poder de olhar para as coisas por nós mesmos. Mas isso não quer dizer que a observação direta seja seu único propósito; os museus fazem muitas coisas, incluindo coletar, curar, preservar, restaurar, exibir e arquivar objetos e experiências, para não mencionar disponibilizar espaços culturais e sociais para encontros cívicos. Mas, se não acreditássemos que permitir que as pessoas olhem ou experimentem diretamente as coisas por si mesmas é uma busca que vale a pena, então, em vez de museus, teríamos apenas armazéns e coleções particulares.

É difícil saber exatamente quantos museus existem no mundo, mas uma estimativa recente indica um total de 55 mil em 202 países.[1] Esse é um número muito alto. Qualquer pessoa familiarizada com museus sabe que esse número inclui uma enorme variedade de tipos de museus — de museus de arte a museus de ciências, de casas históricas a jardins botânicos e zoológicos, e até museus especializados, como museus de pás, relógios ou encanamentos. O fato de existirem tantos tipos diferentes de museus diz algo importante sobre a ideia de museu — o quão vividamente ele captura a imaginação do público e o quão bem ele serve como um centro de gravidade para uma variedade de empreendimentos muito diferentes.

Em seu livro *Museums in motion*, Mary Alexander traz esta citação do educador Richard Grove:

> Um hospital é um hospital. Uma biblioteca é uma biblioteca. Uma rosa é uma rosa. Mas um museu é o Colonial Williamsburg, o Mrs. Wilkerson's Figure Bottle Museum, o Museu de Arte Moderna, o Sea Lion Caves, o Museu Americano de História Natural, o Barton Museum of Whiskey History, os Cloisters, o Noell's Ark, o Chimpanzee Farm e o Gorilla Show.[2]

Richard Grove escreveu isso em 1969. Mais de 50 anos depois, poderíamos adicionar uma gama de museus experimentais a essa lista — desde museus infantis até museus de ciências e de notícias, além de uma enorme variedade de museus digitais, com exposições digitais de coleções físicas e museus que existem inteiramente *on-line*, como a galeria de capas de discos de pop asiático e o museu de tampas de bueiro. Inclusive, existe até o Museum of Online Museums (MoOM), que coleta e faz a curadoria de uma vasta gama de museus *on-line*. (O número de museus indicado antes, 55 mil, não inclui museus *on-line*, que provavelmente são incontáveis e estão em constante expansão.) Os museus não apenas variam muito em seus assuntos — eles também variam em seus propósitos. Museus podem comunicar ideias sobre valor cultural, estimular a curiosidade, proporcionar atividades de lazer para a família ou atuar como um ponto central para a mudança social e o intercâmbio cultural.

Na verdade, embora muitos e provavelmente a maioria dos museus ainda se concentrem em uma coleção, nas últimas décadas, os museus mudaram um pouco da ênfase em "coletar e preservar" para uma ênfase no público. Como o estudioso de museus Stephen Weil escreveu no início do século XXI, os museus se encontram em uma transição "de ser *sobre* algo para ser *para* alguém".[3] Nos Estados Unidos, essa mudança pode ser atribuída ao que muitas vezes é chamado de Era Progressista, um período de ativismo social e reforma política que se estendeu de aproximadamente 1880 a 1920 e visava a impedir a corrupção política e melhorar a vida dos indivíduos, combatendo os efeitos nocivos da civilização urbano-industrial. Examinando essa história em seu admirável livro *Progressive museum practice*, o estudioso George Hein argumenta que a ideia progressista moderna do museu, originada no espírito da Era Progressista, é contribuir para o bem público. George Hein vê o museu como uma instituição socialmente progressista que oferece aos visitantes uma gama de experiências educativas e sociais que podem melhorar a vida deles e contribuir para a sua capacidade de exercer uma cidadania democrática. Essa visão é pelo menos parcialmente verificada hoje, pois os museus oferecem cada vez mais uma variedade de atividades, como aulas, palestras, filmes, apresentações teatrais, reuniões comunitárias e eventos sociais e de assistência familiar. Ainda assim, para que uma instituição se autodenomine um museu, ela deve incluir em algum lugar em sua composição a possibilidade de os visitantes terem uma experiência direta com algo, uma experiência que não seja totalmente didática e que permita que os visitantes sigam a própria curiosidade e construam algum sentido ou significado por conta própria.

## MUSEUS E COGNIÇÃO CONCENTRADA

Considerando-se a impressionante diversidade de tipos de museus e a ampla gama de atividades que podem ocorrer dentro deles, como a ideia de museu consegue se manter tão bem? Parte da resposta tem a ver com o argumento trazido anteriormente neste capítulo sobre os muitos propósitos e resultados de olhar por si mesmo. Observamos por muitas razões: para sermos persuadidos da verdade de algo; para "vermos com nossos próprios olhos"; para discernirmos nuances e detalhes; para experimentarmos um prazer estético; para obtermos informações; para ficarmos horrorizados, emocionados, impressionados ou encantados. Museus têm uma maneira de servir a múltiplos propósitos simultaneamente sem se perder nos detalhes. O fato de tolerarmos, e até mesmo abraçarmos, uma multiplicidade complexa de museus e missões museológicas é uma evidência das inúmeras e profundas satisfações provenientes de olharmos as coisas por nós mesmos. Nem sempre precisamos saber *por que* a perspectiva de contemplarmos as coisas por nós mesmos é tentadora. Nós apenas sabemos que ela é.

Isso torna ainda mais interessante questionar o que está acontecendo do ponto de vista cognitivo. Como no exemplo anterior de olhar a concha coletada por uma amiga, quando observamos as coisas em museus, captamos uma grande quantidade de informações, mesmo quando não conseguimos articular totalmente o conhecimento que adquirimos. Na verdade, chamá-lo de conhecimento é enganoso: uma característica marcante da ideia de museu é que ela não liga o valor da experiência do museu diretamente à quantidade de conhecimento que os visitantes adquirem. Em outras palavras, embora muitas vezes esperemos aprender algo em museus, não julgamos a qualidade da nossa experiência apenas pela quantidade de informações que adquirimos. Na verdade, o resultado cognitivo geral de uma experiência de museu é mais frequentemente um aumento do sentimento de curiosidade — de possibilidades — do que um sentimento de ter adquirido plenamente um conhecimento. Museus grandes e pequenos há muito entendem isso. Escrevendo em 1849 sobre o Museu da Sociedade Asiática, em Calcutá, um bibliotecário desconhecido capta essa ideia perfeitamente:

> [...] o Compilador [o autor] está ansioso para que seu escopo e seu propósito sejam claramente compreendidos; que não se espere mais dele do que aquilo que ele assume ser: um registro condensado de uma coleção de curiosidades, incluindo nomes, datas e assemelhados, com explicações apenas suficientes para que possam despertar, sem necessariamente satisfazer, a curiosidade.[4]

## *WUNDERKAMMER*

O Museu da Sociedade Asiática que o compilador descreve, que ele chama de "registro condensado de uma coleção de curiosidades", é construído no modelo de *wunderkammer*, uma prática que se desenvolveu na Europa renascentista no final do século XVI e moldou a ideia moderna de museu desde então.

*Wunderkammer* significa "gabinete de curiosidades", "gabinete de questionamentos" ou "sala de maravilhas". Criados principalmente por comerciantes e aristocratas, eles exibiam coleções enciclopédicas de todo tipo de espécimes e objetos exóticos, cuidadosamente agrupados e organizados para convidar à observação direta. Projetado para alavancar a tentação de olhar por si mesmo, o *wunderkammer* tinha muitos objetivos: demonstrar aos espectadores a erudição do colecionador, exibir riqueza e poder, persuadir os espectadores da validade das tipologias e classificações do colecionador, estimular a discussão científica e agradar e deslumbrar os olhos.

Uma das primeiras e mais conhecidas ilustrações de um gabinete de curiosidades é a de Ferrante Imperato, um rico boticário de Nápoles. Na gravura de 1599 mostrada na Figura 5.1, podemos ver o filho de Imperato apontando as maravilhas da sala para um par de visitantes, enquanto o próprio Imperato observa. Se quiser, olhe atentamente a ilustração. Dê a si mesmo alguns minutos para que seus olhos vagueiem e se fixem em algo. Quais são as várias coisas que você percebe?

Há muito para ver. Veja como um autor descreve a imagem:

> Cada superfície do teto abobadado é ocupada por peixes preservados, mamíferos empalhados e conchas curiosas, com um crocodilo empalhado suspenso no centro. Exemplos de corais estão nas estantes. À esquerda, a sala é equipada com algo como um gabinete de estudo com uma variedade de armários embutidos, cujas frentes podem ser destrancadas e baixadas para revelar pequenas prateleiras intricadas, formando unidades arquitetônicas cheias de pequenos espécimes minerais. Acima deles, pássaros empalhados ficam contra painéis incrus-

tados com amostras de pedra polida quadrada, sem dúvida mármores e jaspes, ou equipados com compartimentos semelhantes aos anteriores para abrigar espécimes. Abaixo deles, uma variedade de armários contêm caixas de amostras e frascos cobertos.[5]

O *wunderkammer* deslumbrou as pessoas não apenas pelo alcance e pelo escopo de suas coleções e pelo brilho de sua exibição, mas também pela inclusão de espécimes biológicos raros ou bizarros que desafiavam uma classificação, como um repolho gigantesco ou uma concha com padronagem bizarra, e "maravilhas da natureza", como o que seriam presumidamente chifres de unicórnio (mais tarde determinados como presas de narval) ou ossos de gigantes. Esses objetos eram tão valorizados que colecionadores se esforçavam ao máximo para adquiri-los e tentar explicá-los, muitas vezes recorrendo a interpretações elaboradas e inventadas. Pedaços de coral

**FIGURA 5.1** Gabinete de curiosidades. Gravura de *Dell'historia naturale,* de Ferrante Imperato (Nápoles, 1599).
*Fonte:* Domínio público.

foram explicados como restos de górgonas que foram transformadas em pedra; partes de diferentes animais foram artisticamente costuradas e apresentadas como criaturas mitológicas, como centauros, cabeças de hidra e basiliscos.

Do ponto de vista contemporâneo, é fácil descartar alguns desses espécimes como simples fraudes. Mas fazer isso pode significar perder a complexidade das "maravilhas" que essas peças fabricadas pretendiam revelar e, assim, deixar de apreciar as maneiras sutis pelas quais elas satisfaziam o impulso de olhar por si mesmo. A estudiosa do Renascimento Paula Findlen explica que os espécimes mais exóticos frequentemente encontrados no *wunderkammer* podem ser considerados um tipo de *lusus* — palavra em latim que representa uma brincadeira, um esporte ou uma mentira em tom divertido. *Lusus* tinha dois significados na história natural dos séculos XVI e XVII. O *lusus naturae* consistia em uma brincadeira da natureza — algo que a natureza faz de forma divertida ao criar a aparência das coisas, como moldar uma rocha para se parecer com um osso humano (ato considerado uma artimanha lúdica feita pela natureza), ou moldar conchas em formatos maravilhosos, ou criar flores coloridas brilhantes (ato considerado uma brincadeira agradável feita pela natureza). Por exemplo, o colecionador do século XVII Lodovico Moscardo descreve uma pedra incomum em seu museu que parece ter sido pintada: "Nesta pedra [...] vê-se a brincadeira da natureza com a arte, uma vez que ela revela muitas linhas que trazem o formato de árvores, casas e campos, como se a mão erudita de um famoso pintor as tivesse esboçado".[6] Findlen explica que os naturalistas e colecionadores renascentistas "perceberam o *lusus* como sendo a recriação da natureza; diversificando-se de maneiras incomuns e surpreendentes, ela [a natureza] escapou do cansaço de suas tarefas mais mundanas, transformando o processo de criação em uma experiência estética cujo *lusus* se desenrolava no desafio que sua artimanha lançava à própria arte".[6]

Um segundo tipo de *lusus* é o *lusus scientiae*, que consiste em uma piada com o conhecimento, algo que o cientista ou colecionador fabrica para criar uma ilusão — por exemplo, costurando um cordeiro empalhado em um pé de milho para criar o mítico cordeiro vegetal da Tartária. Para o espectador, ponderar *se* e *como* uma ilusão foi criada pode fazer parte da experiência de visualização. Um soldado inglês viajando pela Itália em 1664 descreveu da seguinte forma um espécime que viu em exposição no palácio de um duque:

> Uma *hidra* com sete cabeças, sendo a do meio a maior, e tinha dois dentes caninos e seis dentes pequenos entre eles, dois pés, com quatro garras em cada um, e cinco fileiras de saliências de ossos nas costas [...] Muito provavelmente essa *hidra* era fictícia, sendo a cabeça como a de um gambá, ou uma criatura semelhante, o corpo e os pés de um coelho ou uma lebre, com a cauda feita de pele de cobra, e as costas e o pescoço também cobertos por ela.[7]

Como explica Findlen, esse tipo de espetáculo "convidava o espectador a participar da piada, entendendo a transição sutil de natural para artificial, ou a ser enganado por ela e, em certo sentido, a se tornar a própria piada".[7] Além disso, ao fabricar uma "piada da natureza" — digamos, costurando o bico de um galo no corpo de um lagarto para mostrar uma criatura que desafia a classificação científica —, o colecionador-naturalista pode brincar de imitar a forma como a natureza funciona quando ela ludicamente cria *lusus naturae* que desafiam categorizações.

**FIGURA 5.2** Representação antiga de uma hidra.
*Fonte:* Domínio público.

## DA ERUDIÇÃO AO OLHAR DE COBIÇA: P. T. BARNUM

A palavra "museu" transmite imponência — remete a algo culturalmente sancionado, intelectualmente digno. Mas, como mostra o *wunderkammer*, há uma linha tênue entre a apreciação acadêmica e o deleite com o bizarro. Ao lado dos museus, muitos de nossos passatempos culturais aproveitam o poder dos impulsos das pessoas de olharem por si mesmas e intencionalmente obscurecem a linha entre espetáculo e erudição. Ninguém entendeu isso melhor do que o colecionador e promotor de espetáculos americano P. T. Barnum.

Nascido em 1811, Phineas Taylor Barnum ficou conhecido principalmente por um empreendimento que ele iniciou tardiamente em sua vida, o Circo Barnum & Bailey. Antes de inaugurar o circo, aos 61 anos, Barnum teve uma longa e colorida carreira como fundador e operador do imensamente bem-sucedido Museu Americano, na baixa Broadway, em Nova York. (Um desastroso incêndio tomou conta do museu em 1865.) O brilhantismo de Barnum era entender como combinar entretenimento, educação e os prazeres de olhar em "alto" e "baixo" nível para uma única atração. Ele comprou coleções antigas empoeiradas de *wunderkammer*, combinou-as com ofertas de *shows* de aberrações e as serviu ao público em um ambiente extravagantemente opulento que comunicava aos visitantes que eles estavam tendo uma experiência erudita de alta classe e, ao mesmo tempo, atendendo ao seu gosto por espetáculos.

Em uma visita ao museu (com o preço de entrada de 25 centavos de dólar), podia-se ver: extensas coleções de conchas e rochas; uma vasta coleção de animais taxidermizados de todo o mundo; pinturas de índios americanos do artista George Caitlin, juntamente com artefatos nativos americanos; a magnífica roupa em miniatura que o general Tom Thumb usou para conhecer a rainha Vitória e, às vezes, o próprio Tom Thumb; jiboias vivas devorando coelhos vivos; um enorme aquário que continha todos os tipos de peixes e duas baleias. Os visitantes podiam ter a superfície de sua cabeça inspecionada em busca de traços de caráter pelo "professor" Livingston, frenologista residente do museu, conhecer os gêmeos siameses Chang e Eng e ver por si mesmos a famosa sereia FeeJee — os restos mumificados de uma criatura feminina supostamente real, mas que, na verdade, consistiam na cabeça ressecada de um macaco costurada no torso de um orangotango e presa às costas de um peixe.

O museu de Barnum pode ter intencionalmente obscurecido a linha entre o acadêmico e o espetacular, mas a ideia de organizar e exibir uma deslumbrante e vasta gama de objetos notáveis está subjacente a muitos famosos museus enciclopédicos ocidentais. O Museu Britânico, o Museu Smithsonian, o Louvre, o Museu Metropolitano — esses museus e muitos outros como eles fazem parte da linhagem moderna de *wunderkammer*, refletindo a prática de coletar objetos raros ou significativos que são considerados historicamente, culturalmente, esteticamente ou cientificamente importantes e organizá-los e exibi-los sistematicamente para os espectadores contemplarem.

Claro, nem todos os museus refletem uma sensibilidade *wunderkammer*. Na verdade, nos últimos 40 anos ou mais, houve um grande aumento no número de museus temáticos, que em certo sentido são o oposto do *wunderkammer*. Museus como o Museu Canadense de Direitos Humanos, em Winnipeg, no Canadá, o Museu da Língua Portuguesa, em São Paulo, no Brasil, e o Museu Experience Music Project, em Seattle, nos Estados Unidos, entre outros museus semelhantes, tendem a se concentrar em experiências imersivas, em vez de objetos físicos. E, como os museus são temáticos, suas ofertas tendem a não ser tão intencionalmente abrangentes quanto os *wunderkammer*. No entanto, os museus temáticos ainda organizam um conjunto de ofertas que os visitantes são convidados a experimentar por si mesmos.

## OS MUSEUS REALMENTE INCENTIVAM AS PESSOAS A OLHAREM POR SI MESMAS?

Mesmo que você aceite que a *ideia* do museu está enraizada na atração por olhar ou experimentar as coisas por si mesmo, se você passar muito tempo em museus, poderá notar que muitas práticas deles parecem atrapalhar essa proposta. O texto na parede diz o que devemos pensar e para o que devemos olhar; guias de áudio e *tours* chamam nossa atenção para certos objetos em vez de outros; as exposições parecem projetadas para dar um argumento, em vez de convidar para a especulação; a arquitetura interior das galerias dos museus, muitas vezes com poucos ou nenhum assento, parece projetada para manter o visitante em movimento, em vez de incentivá-lo a permanecer. Até certo ponto, essas práticas são muito comuns no que chamamos

**FIGURA 5.3** Sereia FeeJee de Barnum. De *The life of P. T. Barnum*, escrito por ele mesmo, 1855.

*Fonte:* Domínio público.

de museus tradicionais: grandes estruturas urbanas semelhantes a templos, geralmente em grandes cidades, que podem acomodar massas de pessoas e têm vastas coleções de diferentes épocas, geografias e estilos. Mas o fato de os museus continuarem atraindo grandes públicos, apesar dos obstáculos muitas vezes presentes, demonstra o magnetismo da ideia de museu, por mais que ela seja realizada de maneira imperfeita. A possibilidade tentadora de olhar por si mesmo — especialmente coisas que consideramos raras, valiosas ou importantes — é tão sedutora que os museus não precisam ter um desempenho perfeito para que essa ideia se mantenha. Na verdade, nessa era das mídias sociais, a prática de olhar por si mesmo tem prestígio social, como evidenciado pela prática popular de tirar *selfies* na frente de objetos famosos do museu.

Apesar do magnetismo da ideia de museu, pode-se argumentar que, mesmo que os museus desempenhem o papel maravilhoso de atender ao impulso humano de olhar para as coisas por si mesmo, eles não estão necessariamente focados em ajudar as pessoas a desenvolverem a capacidade do olhar atento. Há pesquisas que confirmam isso: estudos sugerem que os visitantes passam uma média de 15 a 30 segundos na frente de uma obra de arte, com uma boa parte desse tempo sendo geralmente gasta com a leitura das etiquetas nas paredes.[8]

Nossa tendência a olhar rapidamente não pode ser inteiramente atribuída aos museus: está na natureza da cognição humana extrair o máximo de significado de um mínimo esforço cognitivo, como ilustrado pela história da concha que abriu este capítulo. Uma rápida olhada contém uma enorme quantidade de informações. Mas a premissa deste livro é que prolongar propositalmente esse primeiro olhar e sustentá-lo ao longo do tempo, mesmo que por um período relativamente curto, pode trazer enormes recompensas. Por isso, vale a pena analisar as práticas dos museus que realmente incentivam os visitantes a passarem de um olhar superficial para uma observação sustentada.

Um bom lugar para procurar tais práticas é nas exibições do departamento de educação de um museu. Ironicamente, como em geral — mas erroneamente — se assume que os jovens precisam de mais apoio do que os adultos para se envolverem em uma observação sustentada, é mais provável que essas práticas sejam encontradas em exibições de museus para jovens.

## PROGRAMAS DE INVESTIGAÇÃO VISUAL EM MUSEUS

Na ala leste da National Gallery of Art em Washington D.C., nos EUA, um grupo de alunos do quinto ano de uma escola pública local está sentado em um semicírculo em frente ao Shaw Memorial, uma imponente escultura em relevo de bronze-pátina que homenageia o coronel Robert Gould Shaw e os homens da 54ª Divisão de Massachusetts, o primeiro regimento de afro-americanos alistados para a Guerra Civil. Uma guia do museu fica ligeiramente ao lado da escultura e conduz o grupo em uma exploração da obra. "Deixem seus olhos escanearem toda a superfície da escultura", diz ela. "Quais são as principais coisas que chamam a atenção de vocês e quais detalhes demoram um pouco mais para serem notados?" Os alunos ficam quietos por um momento e, em seguida, começam a apontar várias características óbvias do trabalho, como os cavalos e os homens que os montam. A guia os incentiva a continuar, perguntando: "O que mais vocês veem?".

Uma aluna levanta a mão e diz: "Vejo linhas diagonais". A guia pergunta onde ela as vê. "Nas pernas das pessoas", responde a aluna, "e nas pernas dos cavalos". De repente, várias mãos são levantadas, e os alunos começam a se contorcer de tanta vontade de serem chamados. Uma estudante aponta as linhas diagonais das armas e desliza a mão para cima e para baixo em um ângulo, indicando a direcionalidade delas. Outro aluno aponta as linhas diagonais das baquetas batendo no tambor. Logo os alunos começam a apontar mais detalhes no trabalho, como "a senhora lá em cima" e as estrelas acima dela, o "saco de dormir ou algo assim enrolado nas costas das pessoas". A guia continua incentivando os estudantes a observarem atentamente, mas nesse momento eles precisam de pouco estímulo. Fazer novas observações se tornou emocionante para eles, e cada novo detalhe que eles notam os estimula a perceber outros. Eventualmente, quando os epiciclos de observação dos alunos diminuem, a guia direciona a conversa para a interpretação do trabalho. "O que vocês acham que está acontecendo na escultura?", ela pergunta. À medida que os alunos formulam suas respostas, ela os incentiva a conectarem suas observações às explicações oferecidas.

Essa história real vem do Art Around the Corner, um programa da National Gallery of Art que trabalha com escolas primárias da área de Washington D.C., particularmente escolas que atendem alunos de famílias de baixa renda.[9] O programa adota o que é frequentemente chamado de "abordagem baseada em investigação visual para o aprendizado em museus" — uma abordagem que tem ganhado destaque nos museus há algumas décadas. A ideia básica é estruturar uma experiência na qual os visitantes são convidados a fazerem suas próprias observações de obras de arte e outros objetos do museu e, em seguida, permitir que essas observações estimulem a curiosidade deles e impulsionem o desenvolvimento de suas próprias perguntas e interpretações. A abordagem ganhou popularidade como uma alternativa às abordagens didáticas tradicionais para a aprendizagem em museus, em que grupos de crianças e adultos são conduzidos pelo museu por um guia experiente que transmite fatos e diz aos espectadores para o que olhar. Em contraste, uma experiência baseada em investigação começa perguntando aos espectadores o que *eles* notam e quais perguntas *eles* têm.

Os programas baseados em investigação visual em museus são uma aplicação especial de uma abordagem educacional mais ampla, popular nas escolas, que atende por vários nomes, incluindo "aprendizagem baseada em problemas", "aprendizagem orientada por interesses" e (às vezes) "aprendizagem centrada no aluno". Originalmente desenvolvida no contexto da educação científica, seu objetivo é tornar a aprendizagem mais significativa e intrinsecamente interessante para os alunos, incentivando-os a fazer perguntas nas quais estejam genuinamente interessados e, em seguida, usando essas perguntas como base para a investigação. A aprendizagem baseada na investigação subjacente é a filosofia educacional do *construtivismo*, que é a visão de que as pessoas aprendem melhor construindo sua própria compreensão do mundo por meio de um processo iterativo de experiência e reflexão orientada por interesses.

Pode ser tentador reduzir a aprendizagem baseada em perguntas à simples ideia de que os alunos, em vez dos professores, devem escolher os tópicos que desejam explorar. Isso pode até ser verdade em parte, mas não reconhece o lado disposicional da história. Como diz um professor que escreve no *site* educacional Edutopia: "A aprendizagem baseada em investigação é mais do que perguntar a um aluno o que ele quer saber. Trata-se de despertar a curiosidade dele".[10] Esse comentário ressalta uma conexão importante entre a aprendizagem baseada na investigação e o olhar por si mesmo: o impulso de olhar por si mesmo é tanto um sinal quanto um estimulante de curiosidade. É um sinal de curiosidade no sentido mais básico, porque experimentar a sensação do impulso é o que nos sinaliza que estamos interessados em algo. E é um estimulante para a curiosidade porque olhar por si mesmo é uma forma de engajamento direto. Ela nos conecta visualmente aos objetos do mundo e nos posiciona para nos preocuparmos em ver ou aprender mais sobre eles. Vemos esse último ponto em ação na história dos estudantes no Shaw Memorial. Um estudante aponta as linhas diagonais das armas; outros alunos voltam a atenção deles para olharem por si mesmos, o que desperta a curiosidade de procurar mais linhas diagonais no trabalho, o que, por sua vez, os leva a perceber outros detalhes.

O termo "investigação" significa "pesquisar sobre" algo, que é precisamente o que faz a observação prolongada. Às vezes, o termo é usado para descrever um processo com um ponto final ou objetivo específico, como uma investigação científica sobre as causas de um fenômeno específico ou um inquérito policial sobre os fatos por trás de um crime. Mas a investigação também pode ser aberta — uma pesquisa que cria seu próprio caminho à medida que se desenrola —, que é o que acontece com os estudantes no Shaw Memorial. Esse processo de ser conduzido por um caminho de desdobramentos de observações aponta para outra conexão importante entre olhar por si mesmo e a aprendizagem baseada na investigação: uma vez que olhar por si mesmo se desdobra em uma observação prolongada, trata-se de uma forma de investigação. Estimular o olhar para observar mais de perto, procurar detalhes, fazer novas descobertas e discernimentos sutis é, por si só, um modo de investigação, pois conduz o ato de observação ao longo de um caminho de descobertas.

Muitos museus usam uma abordagem baseada em investigação em sua programação educacional. Alguns o fazem informalmente, enquanto outros usam um programa educacional estruturado. Um desses programas, usado em provavelmente centenas de museus de arte nos EUA e em todo o mundo, é chamado de Visual Thinking Strategies ("Estratégias de Pensamento Visual", em português), conhecido mais comumente por sua sigla VTS.[11]

No programa VTS, um facilitador conduz uma conversa em grupo sobre uma obra de arte usando três perguntas específicas, mas abertas: "O que está acontecendo nesta imagem? O que você vê que o leva a dizer isso? O que mais podemos encontrar?". Olhar por si mesmo está relacionado às VTS. Antes mesmo de a primeira pergunta ser feita, os alunos são encorajados a olhar atentamente para uma obra de arte e descrever o que veem; ainda, durante todo o processo, são encorajados a continuar a olhar atentamente para a obra de arte, descrever suas observações em detalhes e tentar confirmar suas ideias com evidências visuais que percebem no trabalho. A estratégia é simples, poderosa e eficaz: os estudantes se envolvem prontamente na discussão estruturada; eles são genuinamente incentivados a olharem por si mesmos, e, em um verdadeiro espírito de investigação, eles perguntam sobre o significado da obra de arte ao buscar observações, perguntas e ideias levantadas por eles mesmos.

Uma das razões pelas quais as VTS funcionam tão bem é que os estudantes entendem facilmente as três questões centrais. A linguagem é familiar para eles, e eles entendem facilmente o que as perguntas estão pedindo, em grande parte porque as perguntas seguem um padrão de pensamento que é familiar a qualquer criança em idade escolar: raciocinar com evidências. A pergunta "O que está acontecendo nesta imagem?" pede aos alunos que desenvolvam uma interpretação. A pergunta "O que você vê que o leva a dizer isso?" pede aos estudantes que forneçam evidências visuais diretas para apoiar a interpretação deles. Os alunos podem não estar necessariamente familiarizados com a linguagem técnica do raciocínio — palavras como "evidências" e "interpretação" —, mas mesmo as crianças pequenas entendem o padrão básico de pensamento envolvido na tentativa de responder a essas perguntas.

Incentivar os espectadores a observarem por si mesmos e a seguirem padrões naturais de pensamento é um dos pilares das abordagens baseadas em investigação em museus. Outra abordagem desse tipo é a do *Artful Thinking*.[12] Essa é a abordagem usada no exemplo anterior da National Gallery of Art. Como as VTS, o programa *Artful Thinking* usa estratégias curtas e fáceis de entender para orientar as explorações que os espectadores fazem das obras de arte. Porém, em vez de se concentrar em uma única estratégia de raciocínio central, como as VTS, ele inclui várias estratégias ou "rotinas de pensamento" que convidam os espectadores a explorarem obras de arte de várias maneiras. Por exemplo, a rotina de pensamento usada pela guia do museu da National Gallery é chamada de "Ver-Pensar-Questionar". Trata-se de um processo de três etapas que orienta os alunos por meio de uma sequência, que envolve primeiramente fazer muitas observações sobre uma obra de arte ("Ver"), depois desenvolver interpretações ("Pensar") e, por fim, debater várias perguntas sobre o trabalho ("Questionar"). Outras rotinas de pensamento no programa *Artful Thinking* se concentram em aspectos específicos da observação ativa. Por exemplo, a rotina de pensamento promulgada pela atividade "Olhar 10 × 2", apresentada no Capítulo 2, enfatiza a observação atenta e fornece uma estrutura para olhar atentamente para uma obra de arte por um período prolongado, depois voltar atrás e olhar para ela de uma nova maneira. Uma rotina chamada "Perguntas Criativas" ajuda os espectadores a expandirem a compreensão deles sobre a complexidade de uma obra de arte, orientando-os a fazer vários tipos diferentes de perguntas sobre ela.[12]

Em geral, sou uma grande fã de abordagens baseadas em investigação em museus. Em minha vida profissional, participei do desenvolvimento do *Artful Thinking* e realizei pesquisas sobre os efeitos dele e do VTS.[13] Gosto dessas e de outras abordagens semelhantes baseadas em investigação porque funcionam: quando bem usadas, aumentam drasticamente o envolvimento das pessoas com as obras de arte. Inúmeras vezes em salas de aula, museus e *workshops*, observei grupos de pessoas usarem abordagens baseadas em perguntas para participarem de uma discussão apaixonada de 20 ou 30 minutos sobre uma obra de arte que, em outras circunstâncias, elas poderiam ignorar completamente. Em essência, os programas funcionam porque se baseiam estrategicamente no impulso das pessoas de olharem as coisas por si mesmas, fornecendo estruturas úteis para prolongar a observação. Porém, embora esses programas sejam poderosos, eles também levantam desafios genuínos. Em primeiro lugar, está o desafio da informação.

## INFORMAÇÕES SÃO COMPLICADAS

Um princípio básico das abordagens baseadas em investigação é que elas começam com as próprias observações dos espectadores e, muitas vezes, os incentivam a se envolver com obras de arte por um período prolongado sem necessariamente conhecer fatos que alguns podem considerar essenciais sobre as obras. Então, por exemplo, no caso da experiência no Shaw Memorial, os alunos do quinto ano passam um bom tempo observando atentamente, compartilhando observações e discutindo o que pensam sobre o trabalho antes que informações importantes sobre o memorial sejam oferecidas, como seu título e o que ele retrata. Isso não quer dizer que as informações seriam negadas aos estudantes se solicitadas. Mas eles não perguntam, pois estão engajados na atividade de observar. Em vez disso, os alunos tendem a ficar cativados pelas informações visuais oferecidas diretamente pelo próprio trabalho e pelo desenvolvimento de perguntas e ideias com base em seus próprios discernimentos e *insights*. No entanto, os críticos dessa abordagem temem que os espectadores possam desenvolver interpretações equivocadas e mal-informadas, sendo privados de uma experiência autêntica.[14]

O papel da informação nas abordagens baseadas em investigação é uma questão frequentemente debatida entre os profissionais de museus. Há muitos anos, houve uma discussão pública memorável sobre isso entre dois conhecidos educadores de museus, que foi posteriormente publicada na revista *Curator*.[15] Os educadores eram Danielle Rice, então curadora sênior de educação do Museu de Arte da Filadélfia, e Philip Yenawine, ex-diretor de educação do Museu de Arte Moderna e codesenvolvedor do programa VTS.

Representando a abordagem VTS, Philip Yenawine assume uma postura um tanto purista quando fala sobre o papel das informações na investigação visual. Ele prefere não transmitir nenhuma informação aos jovens espectadores antes de eles se envolverem com um trabalho. Em vez disso, ele coloca sobre os educadores a responsabilidade de selecionar trabalhos apropriados que possam ser experimentados sem informações externas e de conduzir cuidadosamente a discussão para que os espectadores observem de perto e aproveitem ao máximo as informações visuais diretamente disponíveis para eles. Como Yenawine, Danielle Rice quer incentivar o olhar atento. Mas ela acredita que seu trabalho é compartilhar seu próprio conhecimento e sua experiência para melhorar a experiência dos espectadores, e ela prefere colocar as informações em uma discussão para que os espectadores possam realmente avançar em sua compreensão sobre o trabalho. Danielle Rice reconhece que "devemos ser muito cuidadosos com os tipos de informação que trazemos ao ajudar os espectadores novatos a entenderem a arte. Muitas vezes, inundamos nossos espectadores com o tipo errado de dados e basicamente desativamos o processo analítico deles". Ela continua:

> Descobri que o melhor uso da informação é reforçar e sublinhar as respostas naturais dos espectadores a uma obra de arte. Por exemplo, se os espectadores suspeitarem que uma pintura de mãe e filho pode ter tido algum tipo de significado religioso, posso dizer-lhes que, de fato, a obra representa a Virgem Maria segurando o Menino Jesus. Dessa forma, uso as informações para validar a resposta dos espectadores e incentivá-los a continuar analisando a obra.[16]

Philip Yenawine discorda um pouco. "Depende do que você quer dizer com 'informação'", ele responde:

> Os espectadores se aprofundam nas informações contidas na imagem, o que considero muito importante. Compreender a arte, para além da experiência estética, começa por nos envolvermos profundamente no que nos é apresentado pelos artistas. O que o processo que ensino omite é o que chamo de "cerco de informações": fatos e opiniões sobre a obra que não são aparentes na imagem, como informações sobre a vida do artista. Ou sobre como o objeto foi feito. [...] Ou significados atribuídos por aqueles que conhecem história da arte.[17]

Philip Yenawine continua explicando que, para os espectadores iniciantes, ele recomenda "selecionar imagens a partir das quais as próprias observações dos espectadores provavelmente serão o que o artista tinha em mente para observarmos". Ele ressalta que:

> Mesmo com essa intenção, há muitas opções — desde algumas figuras egípcias até inúmeras gravuras japonesas, passando por algumas tapeçarias, ou pinturas de Bruegel, Goya, Cassatt ou Kahlo e legiões de fotógrafos, apenas para citar algumas. Os espectadores iniciantes podem discutir essas imagens sem qualquer intervenção minha e interpretá-las ricamente sem a necessidade de informações adicionais.[17]

Em essência, esse é um desacordo sobre técnica pedagógica em vez de experiência do espectador. Tanto Danielle Rice quanto Philip Yenawine querem que os espectadores tenham uma experiência autêntica e envolvente com uma obra de arte. Ambos também querem que os espectadores experimentem o impulso de olhar por si mesmos e encontrem uma recompensa ao fazê-lo: tanto o avanço da compreensão quanto a emoção da descoberta. Mas suas opiniões diferem quanto ao efeito das informações na conquista dessa recompensa pelos espectadores. Minha opinião é que nenhum dos extremos é sustentável a longo prazo: um fluxo constante de informações acabará por embrutecer o impulso de olhar por si mesmo, mas olhar por si mesmo ao longo do tempo muitas vezes leva a um desejo por mais informações, e seria contraproducente retê-las.

Como sugeri anteriormente, já vi discussões baseadas em investigação visual suficientes em ação para saber o quão engajados os espectadores se tornam quando têm a chance de realmente observar profundamente por conta própria — e testemunhar as nuances de suas observações à medida que elas se desdobram em um contexto temporariamente livre de informações externas. Não deveria ser surpresa que eu tenda para o lado do "menos é mais" do espectro, já que a premissa deste livro é que uma tremenda quantidade de aprendizado ocorre quando simplesmente tiramos um tempo para observar algo além de uma olhada rápida. Mas a questão sobre o papel das informações não pode ser ignorada. Se quisermos defender o olhar atento, não apenas como um modo importante de aprendizagem, mas também como algo que pode ser *ensinado*, então os educadores precisam de abordagens práticas para inserir informações externas na experiência de observação direta dos estudantes de forma a melhorar, em vez de subverter, os ganhos do olhar atento. Os modelos baseados em investigação visual são uma dessas abordagens, seja praticada de maneira altamente estruturada, como no VTS, ou de maneira mais orgânica e iterativa, conforme descrito por Danielle Rice.

Vale ressaltar que as experiências do museu que Philip Yenawine e Danielle Rice têm em mente durante a conversa são principalmente experiências *facilitadas*. Guiadas por um educador que tem um plano e uma estrutura para realizá-las, elas geralmente envolvem grupos de estudantes e discussões em grupo. Estruturalmente, elas são mais parecidas com o que acontece na escola do que com o que acontece em um passeio menos estruturado por uma galeria de museu, o que nos leva ao tópico do próximo capítulo. Este capítulo argumentou que os museus são instituições culturais de aprendizagem geral que prosperaram na era moderna porque oferecem uma enorme variedade de maneiras de experimentar os prazeres cognitivos de olhar as coisas por si mesmo — e que há um magnetismo na ideia do museu que serve para manter unida uma coleção surpreendentemente diversificada de algum assunto. O próximo capítulo se volta para outra instituição cultural de aprendizagem, ainda mais difundida do que os museus, que tem um domínio igualmente magnético sobre o imaginário público: a escola.

## NOTAS

1. DE GRUYTER. *Museums of the world.* 2021. Disponível em: https://www.degruyter.com/database/MOW/html. Acesso em: 22 fev. 2024.
2. ALEXANDER, E. P.; ALEXANDER, M. *Museums in motion*: an introduction to the history and functions of museums. Lanham: AltaMira, 2008.

3. WEIL, S. From being about something to being for someone: the ongoing transformation of the American museum. *Daedalus,* v. 128, n. 3, p. 229–258, 1999.
4. MUSEUM OF THE ASIATIC SOCIETY. *Catalogue of curiosities in the museum of the Asiatic Society, Calcutta.* Calcutá: J. Thomas, Baptist Mission, 1849.
5. CABINET of curiosities. *In:* WIKIPEDIA. [2024]. Disponível em: https://en.wikipedia.org/wiki/Cabinet_of_curiosities. Acesso em: 22 fev. 2024.
6. FINDLEN, P. Jokes of nature and jokes of knowledge: the playfulness of scientific discourse in early modern Europe. *Renaissance Quarterly,* v. *43,* n. 2, p. 292–331, 1990. p. 298.
7. FINDLEN, P. Jokes of nature and jokes of knowledge: the playfulness of scientific discourse in early modern Europe. *Renaissance Quarterly*, v. 43, n. 2, p. 292–331, 1990. p. 319.
8. Um estudo de 2001 com visitantes do Metropolitan Museum of Art descobriu que o tempo médio gasto na visualização de uma obra de arte era de 27,2 segundos, com um tempo mediano de 17 segundos. Ver SMITH, J. K.; SMITH, L. F. Spending time on art. *Empirical Studies of the Arts,* v. 19, n. 2, p. 229–236, 2001.
9. Para obter mais informações sobre o Art Around the Corner, ver NATIONAL GALLERY OF ART. *Art Around the Corner.* c2024. Disponível em: http://www.nga.gov/content/ngaweb/education/teachers/art-around-the-corner.html. Acesso em: 22 fev. 2024. A história descrita é capturada em um vídeo produzido pela National Gallery of Art que pode ser encontrado no *site.*
10. WOLPERT-GAWRON, H. *"What the heck is inquiry-based learning?"* 2016. Disponível em: http://www.edutopia.org/blog/what-heck-inquiry-based-learning-heather-wolpert-gawron. Acesso em: 22 fev. 2024.
11. Ver VISUAL THINKING STRATEGIES. c2024. Disponível em: http://www.vtshome.org/. Acesso em: 22 fev. 2024.
12. Para obter mais informações sobre o *Artful Thinking*, ver PROJECT ZERO. *Artful Thinking.* [202-]. Disponível em: http://pzartfulthinking.org/. Acesso em: 22 fev. 2024.
13. Ver TISHMAN, S.; PALMER, P. Works of art are good to think about: a study of the impact of the Artful Thinking program on students' and teachers' concepts of art, and students' concepts of thinking. *In*: CENTRE POMPIDOU. *Evaluating the impact of arts and cultural education.* Paris: Centre Pompidou, 2007. p. 89–101.
14. Ver, por exemplo, BURNHAM, R.; KAI-KEE, E. *Teaching in the art museum*: interpretation as experience. Los Angeles: J. Paul Getty Museum, 2011.
15. RICE, D.; YENAWINE, P. A conversation on object-centered learning in art museums. *Curator*: the museum journal, v. 45, n. 4, p. 289–301, 2002.
16. RICE, D.; YENAWINE, P. A conversation on object-centered learning in art museums. *Curator*: the museum journal, v. 45, n. 4, p. 289–301, 2002. p. 296.
17. RICE, D.; YENAWINE, P. A conversation on object-centered learning in art museums. *Curator*: the museum journal, v. 45, n. 4, p. 289–301, 2002. p. 293.

6

# O OLHAR ATENTO NA ESCOLA

Museus e escolas têm uma coisa em comum: como ocorre com a ideia de museu, a ideia de escola admite uma enorme variedade. Assim como existem diversos tipos de museus que destacam uma ampla gama de coleções e experiências, há variadas escolas que diferem significativamente no que, como e para quem ensinam. Tal como acontece com os museus, existe um princípio organizador central que unifica a ideia de escola — porém, ao contrário dos museus, não se trata da ideia de que há um valor insubstituível em olhar as coisas por si mesmo. Em vez disso, trata-se da ideia de que há valor em seguir um padrão organizado de instrução para aprender de forma eficaz. Esse padrão de instrução pode ser chamado de currículo, programa de estudos, plano de estudos ou pode não ter um nome formal. Ele pode ser projetado com antecedência e aplicado a muitos alunos de uma maneira igual (como um currículo básico) ou pode ser emergente e se aglutinar a um padrão pouco a pouco em resposta à experiência de desenvolvimento de cada aluno, como em um programa de mentoria ou treinamento. Independentemente de como a instrução é desenvolvida ou aplicada, a ideia de que a aprendizagem pode ser produzida, acelerada ou melhorada seguindo um padrão organizado de instrução está no centro da ideia de escola.

Podemos perceber que a ideia central por trás dos museus, de que há um valor cognitivo único em olhar as coisas por si mesmo, não faz necessariamente parte da ideia de escola. Na verdade, a imagem comumente associada à escola é a de um professor parado na frente de uma sala de aula dando palestras para fileiras de alunos voltados para a frente, o que contrasta fortemente com a ideia de observar por si mesmo. Mas a crença no benefício cognitivo de olhar por si mesmo desempenha um papel central em várias filosofias históricas da educação, e é interessante traçar sua linha do tempo.

## O PRIMEIRO LIVRO DE IMAGENS

Em meados do século XVII, o pastor tcheco John Amos Comenius já era uma figura famosa na Europa. Ele era conhecido como um teólogo espirituoso, um filósofo distinto e, no que seria seu legado mais duradouro, um professor visionário e reformador da educação. Originadas na Morávia, as visões religiosas protestantes de Comenius o mantiveram fugindo das forças da contrarreforma na Europa, e ele e sua família se mudaram bastante, vivendo por um tempo na Inglaterra, na Suécia, na Transilvânia, na Hungria e na Holanda. Porém, apesar dessa agitação frequente, Comenius sempre encontrou tempo para escrever e ensinar, e suas opiniões sobre a importância da educação universal, juntamente com suas opiniões sobre o que hoje poderia ser chamado de "pedagogia centrada na criança", fizeram-no ser requisitado por autoridades ansiosas para estabelecer programas bem-sucedidos de educação na Inglaterra, na Suécia e na Polônia. Em 1657, no auge de sua carreira prodigiosa, Comenius publicou *Orbis sensualium pictus*. O livro, que foi escrito em holandês e imediatamente traduzido para o inglês, é muitas vezes considerado o primeiro livro instrucional ilustrado para crianças. Nos dois séculos seguintes, ele se tornaria um dos livros didáticos mais utilizados no mundo.

A ideia central por trás do *Orbis pictus* é que as crianças aprendem naturalmente experimentando o mundo diretamente pelos sentidos delas, e que a educação formal deve capitalizar esse fato. O livro está repleto de imagens de coisas que fariam parte da experiência cotidiana das crianças, incluindo pássaros cantando e ovelhas pastando, e atividades comuns do comércio e do lar, como panificação, pesca e serralheria.

O *Orbis pictus* se apresenta como um livro ilustrado, mas, como seu título completo indica, aborda a aprendizagem por meio de todos os sentidos; logo no começo, ele já traz uma abordagem multissensorial para ensinar o alfabeto às crianças. De acordo com as instruções que Comenius dá no prefácio, as crianças aprenderão as letras primeiro olhando para a imagem de um animal. Em seguida, ouvirão a pessoa que lê em voz alta o livro fazer o

( 3 )

*Cornix* cornicatur, *á á* Aa
*The Crow crieth.*

*Agnus* balat, *b é é é* Bb
*The Lamb blaiteth.*

*Cicáda* ſtridet, *cí cí* Cc
*The Graſhopper* chirpeth.

*Upupa* dicit, *du du* Dd
*The Whooppoo ſaith.*

*Infans* ejulat, *é é é* Ee
*The Infant crieth.*

*Ventus* flat, *fi fi* Ff
*The Wind bloweth.*

*Anser* gingrit, *ga ga* Gg
*The Gooſe gagleth.*

*Os* halat, *háh háh* Hh
*The mouth breatheth* out.

*Mus* mintrit, *í í í* Ii
*The Mouſe chirpeth.*

*Anas* tetrinnit, *kha kha* Kk
*The Duck quaketh.*

*Lupus* ululat, *lu ulu* Ll
*The Wolf howleth.*

*Urſus* murmurat, *mum mum* Mm
*The Bear grumbleth.*

B 2 Felis

**FIGURA 6.1** Página de *Orbis sensualium pictus*, de Johann Amos Comenius, 1705.

*Fonte:* Domínio público.

som do animal, que corresponde à letra retratada ao lado dele (por exemplo, "o pato quá"). Essa combinação de estímulo visual e auditivo, acredita Comenius, serve para ancorar a ideia da letra na mente da criança. À medida que a instrução prossegue, as crianças são encorajadas a copiar as imagens à mão, de modo a continuar a aprender diretamente com os sentidos pelo ato de desenhar.

O grande *insight* de Comenius foi que olhar e sentir por si mesmo é tanto agradável sensorialmente quanto poderoso cognitivamente. Seria um exagero afirmar que Comenius está explicitamente fazendo um argumento semelhante ao argumento feito no capítulo anterior — o de que o poder cognitivo de olhar por si mesmo tem a ver, em parte, com a enorme quantidade de informações integradas que são difíceis de adquirir de forma eficiente de outras maneiras. Mas parece possível que Comenius simpatizaria com essa visão. Aqui está a justificativa que o próprio Comenius oferece no prefácio do livro sobre por que as crianças devem aprender por meio dos sentidos e, em particular, observando imagens:

> I. Para fazer com que crianças espirituosas gostem de aprender, para que elas não considerem ser um tormento estar na escola, e sim uma tarefa divertida. Pois é evidente que as crianças (quase desde bebês) ficam encantadas com imagens e de bom grado recompensam seus olhos com essas visões [...]
>
> II. Este pequeno Livro servirá para despertar a Atenção, que deve ser presa às coisas, e até afiá-la cada vez mais: o que também é uma grande questão. Pois os Sentidos (sendo os principais guias da infância, porque nela a mente ainda não se eleva a uma contemplação abstrata das coisas) buscam cada vez mais seus próprios objetos e, se eles não forem usados, ficam apáticos, distraídos e cansados: mas quando esses objetos estão presentes, os sentidos crescem alegres, se tornam animados e voluntariamente se deixam prender aos objetos até que a coisa seja suficientemente discernida. Este Livro, então, prestará um bom serviço em promover (especialmente estimular) a inteligência e preparar os sentidos para estudos mais profundos.[1]

Será que Comenius acha que o processo de olhar para imagens produz conhecimentos diretos valiosos? Ou será que ele vê o poder cognitivo de olhar por si mesmo como meramente um trampolim para um pensamento mais abstrato? É difícil dizer. Por um lado, ele nos diz que os sentidos podem ser "fixados [em objetos], até que a coisa seja suficientemente discernida". Por outro lado, ele argumenta que a mente das crianças "ainda não é suficiente para uma contemplação abstrata das coisas" e que olhar para as imagens vai, assim, "prepará-las para estudos mais profundos".

O que parece claro é que Comenius acreditava que olhar diretamente para as fotos é algo intrinsecamente envolvente e que as crianças "de bom grado recompensam seus olhos com essas visões". Também parece claro que Comenius via a aprendizagem por meio da percepção visual direta como fundamental para a natureza das crianças: "Pois é evidente que as crianças (quase desde bebês) ficam encantadas com imagens". Ele acreditava ainda que a instrução deveria ser organizada para tirar proveito desse fato, como evidenciado em sua escrita do *Orbis pictus*.

## "EDUCAÇÃO DE ACORDO COM A NATUREZA"

Um século depois, a ideia de que a educação deveria ser projetada para se basear nas tendências sensoriais naturais das crianças foi retomada e expandida pelo filósofo Jean-Jacques Rousseau, que notavelmente defendeu a "educação de acordo com a natureza".

Como Comenius, Rousseau reconheceu a força do impulso humano de aprender com a experiência sensorial. E, como acreditava que as pessoas nascem boas, mas acabam corrompidas pela sociedade, ele acreditava que a naturalidade de nosso impulso de aprender com os sentidos confere a esse impulso uma autoridade moral e epistemológica. No mundo ideal de Rosseau, uma criança aprende sobre a natureza da realidade e, ao mesmo tempo, aprende a ser uma boa pessoa por meio de uma educação inicial que proporcione amplo contato direto com o mundo físico (de preferência em ambientes naturais, e não na cidade) e se baseie principalmente na aprendizagem pelos sentidos.

Olhar por si mesmo é obviamente uma forma de contato direto com o mundo físico, uma vez que os olhos são um órgão dos sentidos, e Rousseau claramente apoia a observação direta como uma forma de aprendizagem sensorial. Dito isso, sua ênfase principal está nas formas fisicamente interativas de aprendizagem sensorial em que o corpo experimenta objetos no mundo e aprende por meio das consequências sensorialmente experimentadas. Em seu livro *Emile*, Rousseau expõe sua visão de uma educação ideal em uma história fictícia sobre um menino chamado Emile. Em uma passagem famosa, ele explica:

> Seu filho mal-humorado estraga tudo o que toca. Não fique com raiva; coloque o que ele pode danificar fora do alcance dele. Se ele quebra a mobília que usa, não se apresse em substituí-la para ele. Deixe-o sentir a desvantagem de ser privado dela. Se ele quebra as janelas do quarto, deixe o vento soprar sobre ele noite e dia sem se preocupar com resfriados. [...] Nunca reclame dos inconvenientes que ele lhe causa, mas faça com que ele seja o primeiro a sentir esses inconvenientes.[2]

Para Rousseau, os impulsos sensoriais de tentativa e erro da criança são naturais e, em uma "educação de acordo com a natureza", seguir tais impulsos naturalmente leva à aprendizagem, especialmente quando guiados corretamente por um adulto. Mas também há outras maneiras naturais pelas quais as crianças aprendem — maneiras que não necessariamente colocam em primeiro plano a experimentação sensorial que Rousseau enfatiza —, como observar e imitar o comportamento cotidiano dos adultos ou se envolver em brincadeiras imaginativas. O impulso de olhar por si mesmo é claramente um impulso sensorial natural, talvez até mais do que o impulso de quebrar móveis. Todavia, seu significado para a aprendizagem não é apenas que ele vem naturalmente, mas também — e talvez mais importante — que ele tende a produzir um alto rendimento cognitivo. Em outras palavras, ao observarmos as coisas por nós mesmos, adquirimos e integramos vários tipos de informações de maneira rápida e vívida.

As ideias de Rousseau sobre o poder da aprendizagem sensorial incluem olhar por si mesmo e, em certo sentido, exigir de si mesmo. É até possível argumentar que quebrar a mobília *é* uma espécie de ver por si mesmo, na medida em que é uma exploração direta das qualidades sensíveis das coisas — que parece ser como Rousseau quer interpretar isso. Mas, ao contrário de Comenius, Rousseau não se esforça muito para enfatizar a observação. Sua filosofia a engloba, mas ele não distingue o aprendizado por meio do olhar do aprendizado por meio de experiências sensoriais mais fisicamente interativas que envolvam tentativa e erro concretos. Ele também não enfatiza o simples prazer que as crianças sentem no ato de olhar. No entanto, a ênfase de Rousseau na "educação de acordo com a natureza" e na aprendizagem por meio dos sentidos moldou as visões dos educadores nos séculos seguintes, incluindo educadores que tinham um interesse vívido no papel da observação na aprendizagem.

## CRIANÇAS NO CENTRO

Um desses educadores foi Johann Heinrich Pestalozzi. Fortemente influenciado pela filosofia de Rousseau e por sua profunda simpatia por órfãos e crianças em situação de pobreza, Pestalozzi passou a vida desenvolvendo uma filosofia educacional que visava a educar "corações, mãos e mentes" das crianças. Sua escola mais famosa, que ele fundou em 1802, atraiu atenção internacional e foi supostamente visitada por milhares de europeus e americanos que desejavam observar sua distinta pedagogia.

Se você entrasse na escola em Yverdon, veria crianças de diferentes idades reunidas em pequenos grupos envolvidas em uma série de atividades. Um grupo poderia estar examinando um objeto, enquanto outro estaria trabalhando em algum ofício. Algumas crianças poderiam estar ouvindo uma explicação informal de um professor, enquanto outras estariam ao ar livre no pátio da escola trabalhando em um jardim ou explorando a natureza. O que você provavelmente não veria eram crianças enfileiradas prestando atenção silenciosamente em um professor, com as mãos cruzadas no colo, absorvendo passivamente as informações. A abordagem calorosa, ativa e centrada na criança em Yverdon colocou a experiência sensorial direta da criança no centro da experiência de aprendizagem e ficou conhecida como método Pestalozzi. Seu preceito fundamental era moldar o currículo aos interesses naturais e ao desenvolvimento da criança, e não à visão mais tradicional que é o oposto disso.

Um dos elementos do método Pestalozzi eram as *aulas com objetos*. Eram atividades prolongadas em que as crianças olhavam atentamente para objetos de seu próprio ambiente familiar, como a terra fora da sala de aula, uma pedra, um grão de pimenta, uma folha ou uma flor. As crianças eram encorajadas a dedicar tempo suficiente para observar, descrever e esboçar os objetos, a fim de perceber plenamente as qualidades sensoriais deles. Ao fazer isso, elas levantavam questões e faziam descobertas que as levavam, por meio da indução, a ideias cada vez mais abstratas sobre as propriedades dos objetos — ideias tecidas pelos fios das próprias percepções das crianças.

A aula com objetos (às vezes chamada de *teoria dos objetos*) é baseada na crença de Pestalozzi de que as pessoas aprendem melhor com o que está mais imediatamente presente para elas — particularmente com o que está

**FIGURA 6.2** Conrad Ermisch: *Pestalozzi em sua escola em Neuhof*, 1882.

presente por meio dos sentidos — e de que fortalecer as faculdades perceptivas dos estudantes assenta as bases para o desenvolvimento do conhecimento abstrato. Isso, por si só, pode parecer um pouco monótono. No entanto, como as descrições dos visitantes da escola em Yverdon atestam, a educação pestalozziana é impregnada com um carinho em relação às crianças e uma apreciação genuína de sua capacidade de olharem por si mesmas. O método Pestalozzi não é tanto uma série prescritiva de etapas, mas uma reorientação geral para longe de uma abordagem monótona e didática do ensino, em que o trabalho do professor é transmitir informações, e em direção a uma abordagem centrada no aluno, em que os professores progridem com base nas experiências em primeira mão das crianças para guiá-las suavemente para o mundo das ideias.

Existem duas maneiras importantes pelas quais as visões de Pestalozzi se conectam ao impulso de olhar por si mesmo. A primeira, é claro, é a ênfase de Pestalozzi na observação direta, que *é* o olhar por si mesmo. A segunda é a forte ênfase de Pestalozzi no "eu" como autor do conhecimento. Pestalozzi acreditava que era natural que as crianças quisessem fazer suas próprias observações e que poderiam adquirir conhecimento verdadeiro e profundo ao fazê-lo. Talvez mais do que qualquer educador mencionado neste capítulo, Pestalozzi se aproxima de três dos argumentos centrais deste livro, que são: 1) que o impulso de olhar para as coisas por si mesmo é natural e intrinsecamente envolvente; 2) que a observação direta produz compreensões complexas, mesmo para o olho destreinado; e 3) que, do ponto de vista da aprendizagem, há grandes ganhos no prolongamento da experiência de observar.

A ideia de Pestalozzi de que a própria experiência da criança deve estar no centro de sua educação influenciou profundamente os teóricos e profissionais da educação nos últimos dois séculos. Ela deu origem ao movimento progressista na educação e talvez tenha chegado ao ápice de seu desenvolvimento na filosofia de John Dewey. Mais adiante neste capítulo, examinaremos mais de perto as conexões entre as ideias de Dewey e a forma de observação direta que Pestalozzi enfatizou, mas primeiro há algumas histórias interessantes para contar. As duas primeiras histórias são sobre como a ênfase no engajamento observacional prolongado com objetos encontrou expressão no trabalho de dois educadores do século XIX que ensinavam extremos opostos do espectro etário — Friedrich Froebel, um aluno de Pestalozzi que é frequentemente chamado de "pai do jardim de infância", e Louis Agassiz, cientista, educador e fundador do Museu de Zoologia Comparada da Universidade Harvard, onde se tornou conhecido por seu estilo de ensino inovador com estudantes de pós-graduação.

## FROEBEL E SEUS PRESENTES

Quando ainda era jovem e novo na profissão de professor, Friedrich Froebel foi duas vezes para Yverdon para estudar com Pestalozzi — uma vez brevemente, em 1805, quando tinha 24 anos, e novamente por vários meses em 1807. As visitas tiveram uma influência duradoura. Froebel ficou particularmente impressionado com a prática de aulas com objetos e com o ambiente de aprendizagem caloroso e solidário da escola. Nas três décadas seguintes, Froebel continuou a desenvolver sua visão sobre a educação e, em 1837, iniciou um instituto de "brincadeiras e atividades" para crianças pequenas na Alemanha, que incorporava suas ideias centrais. Ele chamou a escola de *jardim de infância* — um jardim de crianças.

O grande *insight* de Froebel foi que a brincadeira e a autoexpressão criativa são formas poderosas de aprendizagem. Consequentemente, as atividades no jardim de crianças incluíam música, contação de histórias, brincadeiras imaginativas e muita exploração lúdica de objetos e materiais físicos. Como parte do currículo, Froebel introduziu uma série de "presentes". Estes eram objetos físicos simples projetados para estimular brincadeiras educativas que eram oferecidos às crianças em uma sequência ao longo do tempo. O primeiro presente era um conjunto de seis bolas de lã de penas macias em uma corda. O segundo era um conjunto de três formas de madeira: uma esfera, um cubo e um cilindro. O terceiro era um conjunto de oito pequenos cubos de madeira; o quarto, um conjunto de oito blocos retangulares.

A ideia era que, quando as crianças estivessem brincando com os presentes — tocando-os, rolando-os e empilhando-os —, elas descobririam suas propriedades físicas distintas, o que, por sua vez, as levaria a ideias abstratas. Por exemplo, brincar com a esfera, o cubo e o cilindro juntos deveria encorajar a criança a desenvolver os conceitos de opostos e combinações — com a esfera e o cubo sendo opostos e o cilindro sendo a síntese deles. Como explica Froebel:

> Meu método educacional oferece aos alunos, desde o início, a oportunidade de coletar suas próprias experiências com as coisas propriamente ditas, de olhar com seus próprios olhos e aprender por meio de seus próprios experimentos a conhecer as coisas e as relações entre elas.[3]

Como Pestalozzi, Froebel acreditava que as crianças deveriam ser autoras do seu próprio conhecimento por meio da observação direta e de atividades autoguiadas. Mas ele foi além de Pestalozzi ao destacar o poder fundamental do brincar.

O fato de que as autoatividades lúdicas são o que esperamos ver nos jardins de infância contemporâneos é um testemunho do poder e da disseminação das ideias de Froebel. Porém, em meados do século XIX, a ideia de que os professores deveriam estruturar suas aulas em torno de brincadeiras autodirigidas era tão contrária ao conceito predominante de escola que houve, inclusive, uma exposição de uma sala de aula froebeliana na Feira Mundial

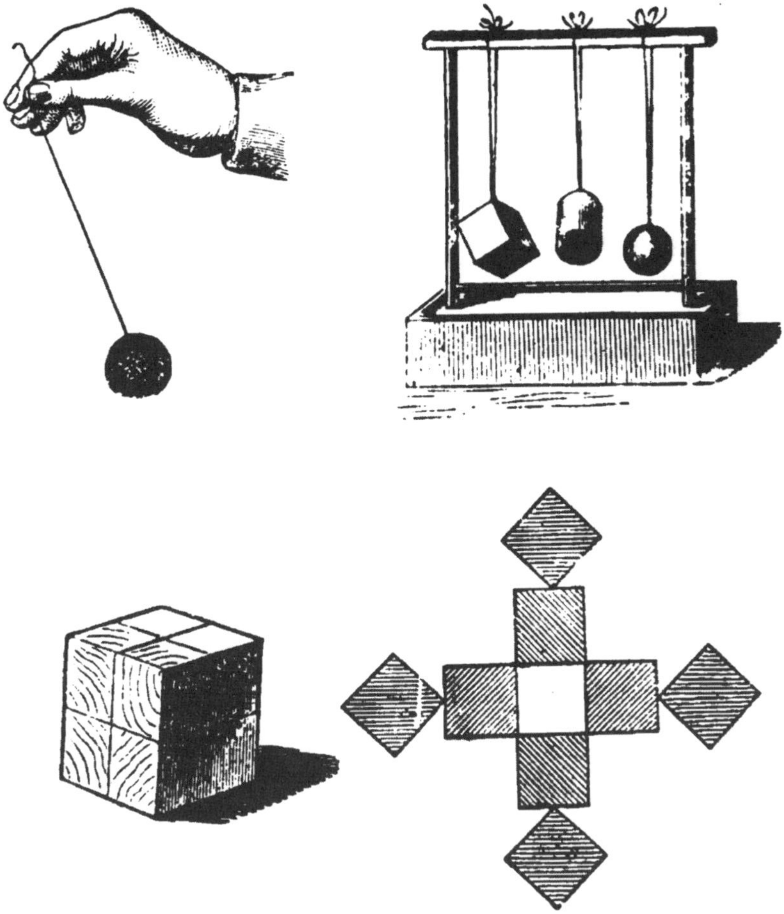

**FIGURA 6.3** Alguns dos presentes de Froebel.
*Fonte:* Domínio público.

de 1876, na Filadélfia (EUA), que visava a mostrar aos visitantes como era essa nova ideia na prática. Crianças de um orfanato local, chamado Northern Home for Friendless Children, foram instaladas em uma sala de aula modelo de jardim de infância e encorajadas a brincar com os presentes de Froebel, gentilmente guiadas por duas jovens professoras. Os espectadores olhavam por trás de uma cerca, muitas vezes assistindo por horas e questionando as professoras sobre seus métodos quando as aulas do dia terminavam. Segundo relatos, essa foi uma das exposições mais populares da feira.

## "ESTUDE A NATUREZA, NÃO OS LIVROS"

Três anos antes e algumas centenas de quilômetros a nordeste, houve outro experimento de curta duração na educação que teve um impacto igualmente gigante. No verão de 1873, em uma pequena ilha varrida pelo vento em Buzzards Bay, Massachusetts (EUA), o renomado cientista Louis Agassiz estabeleceu a Anderson School of Natural History, assim chamada em homenagem a John Anderson, um rico comerciante de Nova York que doou a ilha rochosa para o projeto de Agassiz. A escola pretendia servir como uma espécie de acampamento de verão, e seu objetivo era ajudar os professores das escolas públicas a aprenderem sobre história natural — e como ensiná-la —, estudando com Agassiz e experimentando seus métodos pedagógicos. Eis como a escola foi descrita em uma carta ao editor na revista *Nature*, em 1874:

> [...] cursos com palestras instrutivas em vários ramos da história natural eram ministrados à beira-mar [...] durante os meses de verão [...] pelo próprio Agassiz e por outros naturalistas pertencentes à mesma instituição [Universidade Harvard] ou a outros estabelecimentos científicos nos Estados Unidos que se combinaram para ajudá-lo. O objetivo desses cursos era principalmente beneficiar professores que pretendiam introduzir o estudo da história natural nas escolas e alunos que estavam se preparando para se tornar professores.[4]

Agassiz, já com 72 anos na época, era uma figura pública conhecida tanto como cientista quanto como educador. Nascido na Suíça, seu trabalho geológico inicial nos Alpes sobre o movimento das camadas de gelo glacial acabou levando-o a uma turnê de palestras nos EUA que foi tão bem-sucedida que

Harvard lhe ofereceu um cargo de professor. Lá, como professor de zoologia e ávido colecionador de espécimes naturais, Agassiz fundou o Museu de Zoologia Comparada, um museu que carrega a marca de sua visão da história natural até hoje.[5]

Os métodos pedagógicos de Agassiz eram lendários. Do ponto de vista do olhar atento, inclusive, ele pode ser caracterizado como um praticante extremo. Quando os alunos chegavam ao laboratório de Agassiz em Harvard, ansiosos para estudar com o grande homem, ele começava entregando-lhes algum tipo de espécime natural — geralmente um esqueleto de peixe — e os instruía a sair e observar o material com cuidado. Os estudantes faziam isso e, quando retornavam em algumas horas com os resultados, o professor lhes dizia para continuarem observando. E observando, e observando, e observando. Em uma história frequentemente contada, o aluno Samuel Scudder relembra sua frustração e, eventualmente, sua iluminação, pois Agassiz repetidamente o fazia retornar à observação de um peixe, dia após dia. Samuel Scudder teve muita dificuldade para encontrar novas características para observar:

> Empurrei meu dedo goela abaixo para sentir o quão afiados eram os dentes do peixe. Comecei a contar as escamas em suas diferentes fileiras, até me convencer de que isso era um absurdo. Por fim, um pensamento feliz me ocorreu: eu devia desenhar o peixe; e então, surpreendentemente, comecei a descobrir novas características na criatura.[6]

A experiência de Samuel Scudder era comum. William James, que quando jovem viajou com Agassiz em uma viagem pela Amazônia, trouxe esta lembrança em um encontro científico em um museu, duas décadas após a morte de Agassiz:

> Provavelmente, nenhum professor de escola pública na Nova Inglaterra hoje deixará de contar como Agassiz costumava trancar um aluno em uma sala cheia de cascos de tartaruga, ou conchas de lagosta, ou conchas de ostra, sem um livro ou qualquer coisa para ajudá-lo, e não o deixar sair até que ele descobrisse toda a verdade que os objetos continham. Alguns nunca a encontraram. [...] "Vá para a Natureza; tome os fatos em suas próprias mãos; observe e veja por si mesmo!" — essas eram as máximas que Agassiz pregava onde quer que fosse, e seu efeito na pedagogia era elétrico.[7]

Apesar de suas muitas credenciais científicas, quando Agassiz foi apresentado, ele preferiu ser chamado simplesmente de Louis Agassiz, professor, e sua grande causa era o ensino de história natural. Ele era contra a instrução científica baseada no estudo de livros e na memorização de fatos, e incentivou apaixonadamente o estudo direto da natureza, que ele acreditava ter um benefício triplo: produzia conhecimento genuíno e significativo do mundo natural; estava de acordo com o impulso humano natural de ver as coisas por si mesmo; e elevava o espírito das pessoas, conectando o homem à natureza. Louis Agassiz queria que os estudantes de história natural fizessem da natureza seu livro didático, e ele gostava de dizer que, "se você estuda a natureza nos livros, quando sai de casa, não consegue encontrá-la".[8] Mais do que qualquer outro cientista da época, ele queria popularizar o estudo da história natural, e seu objetivo era reformular radicalmente a maneira como a ciência era ensinada — não apenas nas universidades, mas também na educação pública. Com isso em mente, ele abriu suas palestras em Harvard ao público, algo muito incomum, e incentivou especialmente os professores de escolas públicas, incluindo mulheres, a participarem.

O que foi relevante sobre a Anderson School of Natural History foi que ela ampliou ainda mais a já ampla influência da visão de Agassiz sobre a importância de estudar diretamente a natureza. Em um anúncio da escola, Louis Agassiz disse:

> Não me proponho a dar muita instrução sobre assuntos que podem ser aprendidos com os livros. Quero, pelo contrário, preparar aqueles que vão comparecer para observarem por si mesmos. Portanto, aconselharia todos aqueles que desejam apenas aprender história natural da maneira como geralmente se faz, comprando conhecimento, a desistirem de sua intenção de ingressar na escola.[9]

Agassiz levou consigo para Penikese muitos alunos e instrutores que já eram, ou que se tornariam, cientistas de ponta e educadores influentes. Essas pessoas ajudaram a disseminar as ideias de Agassiz, e a fama da escola também foi provavelmente impulsionada pelo triste fato de que era o último grande projeto de Agassiz: ele morreu no dezembro seguinte, e, embora seu filho Alexander, também um cientista altamente talentoso, tenha administrado a escola por mais uma temporada de verão, o projeto fracassou. (Deve-se salientar que Alexander Agassiz manteve com muito sucesso a conexão de sua família com o Museu de Zoologia Comparada, onde atuou como curador, benfeitor e diretor por mais 40 anos.)

Embora, em algumas medidas, os métodos pedagógicos de Louis Agassiz possam parecer extremos, eles estão enraizados em uma ideia semelhante que subjaz a este livro, a saber: que uma enorme quantidade de aprendizado pode ocorrer quando o momento de observação é expandido para além do primeiro olhar. É dentro desse espaço expandido que os muitos benefícios de um olhar atento e lento têm tempo para se acumular, e o acúmulo se deve em grande parte à natureza autoral da observação prolongada. Como diria Agassiz, "tome os fatos em suas próprias mãos e olhe por si mesmo".

## O MOVIMENTO DE ESTUDO DA NATUREZA

O conselho de Agassiz de "estudar a natureza, não os livros" se apoderou da imaginação do público e se tornou o lema de um movimento recém-emergente na educação americana: o movimento de estudo da natureza. Embora Agassiz não tenha vivido o suficiente para ver seu ditado se metamorfosear em um fenômeno generalizado, nem mesmo para ouvir a expressão "movimento de estudo da natureza", ele era considerado herói e pai inspirador desse movimento.

A ideia central por trás do estudo da natureza era levar as pessoas para a natureza, para que pudessem se conectar intelectual e espiritualmente com seu ambiente natural imediato, principalmente por meio da observação atenta das plantas e dos animais da vida cotidiana. O movimento foi enquadrado como uma combinação de investigação científica e desenvolvimento do sentimento e, como muitas ideias progressistas no final do século XIX, tornou-se popular no contexto da crescente mecanização da vida moderna. Os defensores do estudo da natureza viam uma conexão com a natureza como um antídoto para as forças mortais do consumismo e da industrialização: ao estudar a natureza, as pessoas, especialmente os jovens, poderiam reacender a conexão intuitiva da humanidade com o mundo natural e, ao mesmo tempo, desenvolver as capacidades intelectuais exigidas pelas ciências. O estudo da natureza era ao mesmo tempo moderno e antigo. Como Kevin Armitage explica em sua impressionante história do movimento de estudo da natureza: "Os defensores do estudo da natureza procuraram abraçar o mundo moderno da ciência, mantendo os métodos antigos de comunhão com a natureza que produziam experiências únicas e percepções éticas que a ciência não trazia".[10]

Por mais de três décadas, abrangendo o final do século XIX e o início do século XX, o estudo da natureza foi incrivelmente popular — ele capturou a imaginação do público tanto como um movimento educacional quanto como um passatempo cultural. Kevin Armitage descreve:

> Armados com guias, câmeras, potes de coleta e uma curiosidade desenfreada, os americanos se reuniam em suas casas e salas de aula para ir a florestas, pradarias, rios e montanhas próximas para obterem uma visão mais ampla do maravilhoso funcionamento da natureza. O "estudo da natureza", como os entusiastas apelidaram o movimento, usou a instrução em história natural básica, como identificação de plantas, histórias de vida animal e jardins escolares, para promover as habilidades necessárias para se ter sucesso na vida industrial e cultivar o crescimento espiritual na oclusa vida moderna.[11]

No auge, o estudo da natureza era ensinado em escolas públicas em todos os estados dos EUA. Muitos estados ofereceram currículos de estudo da natureza, e vários tornaram isso uma exigência. Parte de seu legado duradouro é a presença da ciência como disciplina obrigatória no ensino fundamental. No entanto, uma maneira pela qual o estudo da natureza se diferenciou do ensino tradicional de ciências foi enfatizando a interconectividade do mundo natural. Seus praticantes defendiam o estudo das relações entre plantas e animais como parte de um ambiente vivo, e não como espécimes isolados em um laboratório. Dessa forma, o movimento de estudo da natureza lançou as bases para o crescimento do interesse científico e humanístico em ecologia, ambientalismo e conservação no século XX. Ele influenciou a ética da conservação de cientistas como Rachel Carson e Aldo Leopold e as políticas de conservação de Teddy Roosevelt, todos os quais tiveram uma infância influenciada pelo estudo da natureza.

De todas as filosofias educacionais discutidas neste capítulo até agora, o estudo da natureza parece a mais alinhada com a ideia de olhar atento como uma prática intencional, pelo menos na superfície. Isso ocorre porque o movimento de estudo da natureza encorajou diretamente as pessoas a passarem longos períodos olhando por si mesmas o mundo natural. Essas experiências prolongadas de observação ao ar livre foram inclusive consideradas a atividade central do movimento. Assim, vale a pena conhecer mais de perto o movimento de estudo da natureza e o que ele pode revelar sobre as promessas e os questionamentos do olhar atento como prática educacional.

Como Kevin Armitage aponta, os objetivos do movimento de estudo da natureza eram muito amplos — desde a investigação científica, por um lado, até o aprimoramento espiritual, por outro —, e essa amplitude significava que diferentes propósitos eram enfatizados por diferentes teóricos e profissionais. Em 1903, Liberty Hyde Bailey, presidente do Departamento de Horticultura da Universidade Cornell e um dos principais proponentes do estudo da natureza, escreveu: "A natureza pode ser estudada com um de dois objetivos: descobrir novas verdades, com o objetivo de aumentar a soma do conhecimento humano, ou colocar as pessoas em uma atitude simpática em relação à natureza, com o objetivo de aumentar a alegria de viver".[12] Liberty Bailey tinha uma inclinação para esse último propósito. Ele argumentou que a educação científica, como geralmente é praticada, visava a formar "investigadores e especialistas".[12] O objetivo principal do estudo da natureza, por outro lado, é "capacitar cada pessoa a viver uma vida mais rica". Essa riqueza tem a ver com simpatia e conexão com o mundo natural, mas adquiri-la requer rigor. Bailey acreditava apaixonadamente no poder da observação prolongada e cuidadosa, e, para ele, o caminho para uma vida mais rica envolvia ver escrupulosamente a natureza como ela é, em vez de sentimentalizá-la demais. Ele cita com aprovação um contemporâneo seu, o psicólogo experimental britânico E. B. Tichener, que escreve sobre os três perigos no estudo da natureza: "O primeiro é que, ao lutar pela simpatia com a natureza, nos deparamos com o sentimentalismo. O segundo é que, ao evitar contos de fadas, nos deparamos com algo 10 vezes pior — se é que os contos de fadas são realmente ruins; refiro-me a uma pseudopsicologia dos animais inferiores. E o terceiro é que, ao tentarmos ser extremamente simples, nos tornamos extremamente imprecisos".[13]

É impressionante que os dois propósitos de estudar a natureza que Bailey descreve — o aumento do conhecimento por meio de observação atenta e o aumento da "alegria de viver" por meio da conexão com o mundo natural — sejam paralelos aos resultados da pesquisa sobre a experiência dos alunos do programa Out of Eden Learn que foram descritos no Capítulo 3. Você deve se lembrar de que o programa é uma plataforma *on-line* semelhante a uma rede social e um currículo que convida alunos de diferentes partes do mundo a explorarem suas próprias comunidades e, em seguida, compartilharem suas experiências com outros alunos por meio de um intercâmbio digital. Como parte do programa, os alunos fazem caminhadas lentas e atentas em seus próprios bairros e documentam o cotidiano escrevendo, desenhando ou fotografando coisas que acham marcantes. Independentemente da parte do globo de onde vêm, de viverem em um ambiente urbano ou rural, de virem de uma comunidade favorecida ou com menos recursos, os alunos gravitam em direção à natureza. Enquanto andam pelas suas vizinhanças, os alunos tiram fotos de plantas e flores, ninhos de pássaros e trocas de pele de cobras; eles capturam a aspereza da casca das árvores e a superfície brilhante de poças na calçada. Eles descrevem a textura da areia, a experiência multissensorial de ouvir e sentir o vento ao seu redor, a suave aglomeração de formações de nuvens acima deles. Quando os alunos preenchem nossas pesquisas que lhes pedem para refletir sobre sua experiência com o programa Out of Eden Learn, essas experiências se destacam para eles. Eles falam sobre como é fascinante ver seu ambiente cotidiano com novos olhos e perceber os detalhes surpreendentes do mundo ao seu redor. Eles também falam sobre o surpreendente prazer de desacelerar e como estar na natureza os lembra do que é importante na vida. Para os alunos do Out of Eden Learn, pelo menos, os dois propósitos de Bailey de estudar a natureza — a observação de perto e a experiência de bem-estar — estão em sinergia, e não em tensão.

Anna Botsford Comstock provavelmente teria ficado satisfeita com a união de propósitos que os alunos do Out of Eden Learn descrevem, mas, como Bailey, ela teria cuidado para não sentimentalizar demais. Comstock, que conheceu Bailey quando ela estudava em Cornell e mais tarde colaborou com ele na concepção e na implementação de um currículo de estudo da natureza para o estado de Nova York (EUA), é uma das figuras mais interessantes e importantes do movimento de estudo da natureza. Ela foi uma artista talentosa, naturalista, educadora, conservacionista e autora do influente e amplamente lido *The handbook of nature study*, que tem sido continuamente impresso desde que foi escrito, em 1911. Seu trabalho como educadora e professora de professores é especialmente impressionante, e o livro é principalmente uma compilação de ensaios, lições e panfletos que ela escreveu para professores ao longo dos anos. Talvez ainda mais do que Bailey, Comstock relaciona o poder do estudo da natureza à observação clara e cuidadosa. Ela abre seu livro com esta definição:

> O estudo da natureza é, apesar de todas as discussões e perversões, um estudo da natureza; ele consiste em observações simples e confiáveis que podem, no fim, como tijolos em uma parede, formar um entendimento em seu todo e, assim, funcionar juntas como um todo lógico e harmonioso. Portanto, o objetivo do professor de estudo da natureza deve ser cultivar nas crianças habilidades de observação precisa e construir dentro delas a compreensão.[14]

Quando Cornstock fala sobre ajudar as crianças a "construir dentro delas a compreensão", ela tem em mente deixar as próprias crianças fazerem essa construção. Ela acredita que elas fazem isso ao desenvolverem suas próprias observações, ao conduzirem suas próprias investigações e ao construírem seus próprios entendimentos do mundo natural a partir do que elas mesmas percebem. O livro é escrito principalmente para professores do ensino fundamental e enfatiza fortemente essa mensagem de olhar por si mesmo. A crença de Comstock no valor insubstituível de olhar por si mesmo inclusive sustenta toda a sua abordagem pedagógica, e ela não mede palavras ao dizer aos professores que, "Em geral, é seguro supor que a falta de interesse do aluno pelo estudo da natureza se deve a uma falha no método do professor. Ele pode estar tentando encher a mente da criança com fatos quando deveria estar levando-a para observá-los por si mesma".[15]

Grande parte do livro, de 900 páginas, consiste em lições para observar plantas e animais específicos no ambiente cotidiano dos estudantes. Cada lição apresenta uma ideia principal única e evocativa por meio de uma série de perguntas que convidam os alunos a olharem atentamente para algo e fazerem inúmeras observações que se baseiem umas nas outras. Comstock enfatiza repetidamente que essas lições devem ser tomadas pelos professores como sugestivas, e não prescritivas, e ela é rápida em alertar que "O método de questionamento direto, se não for empregado com discrição, torna-se cansativo tanto para o aluno quanto para o professor. Se as perguntas não inspiram a criança a investigar, elas são inúteis".[16]

Vamos analisar o início de uma lição envolvendo uma galinha. Na seção "Observações para os alunos", as perguntas que Comstock incentiva o professor a fazer podem parecer simples — talvez até demais. Contudo, elas são cuidadosamente concebidas para serem generativas, mas não excessivamente condutoras, deixando espaço para os alunos observarem atentamente e fazerem descobertas por conta própria. Por exemplo, a pergunta "Como as penas estão dispostas no peito?" exige que os estudantes observem de perto para discernir padrões sutis.

**LIÇÃO 1**

**Penas como roupas**

IDEIA PRINCIPAL — Penas crescem da pele de um pássaro e protegem o pássaro da chuva, da neve, do vento e do frio. Algumas das penas atuam como capas ou como um tecido impermeável, e outras como roupas de baixo.

MÉTODO — A galinha deve estar a uma curta distância para esta lição, onde as crianças possam observar como e onde os diferentes tipos de penas crescem. Os estudantes também devem estudar separadamente a forma de uma pena do dorso, de uma pena do peito, de uma pena do lado inferior do corpo e de penas recém-crescidas.

OBSERVAÇÕES PARA OS ALUNOS — 1. Como as penas estão dispostas no dorso da galinha? Elas estão como telhas em um telhado? 2. Como uma galinha fica quando está na chuva? 3. Como as penas estão dispostas no peito? 4. Compare uma pena das costas e uma do peito e observe as diferenças.

Como comparação, aqui está um trecho de uma lição sobre galinhas de outro livro de estudo da natureza da época. Como as lições de Comstock, essas lições são escritas na forma de perguntas para os alunos, mas, nesse caso, a resposta desejada é dada entre parênteses:

> Uma galinha voa muito? Quando ela voa? (De e para o seu poleiro.)
>
> Você sabe o que às vezes é feito com galinhas para impedi-las de voar sobre cercas? (As penas de uma de suas asas são aparadas.)
>
> Como isso as impede de voar alto? (Elas não conseguem se equilibrar.)
>
> Como uma galinha voa? (Batendo as asas contra o ar.)[17]

O autor pode ter sido um educador talentoso em sala de aula, mas as perguntas, como foram escritas, são muito diferentes das de Comstock. Em vez de incentivar a observação direta, elas parecem encorajar os alunos a tentarem descobrir a resposta que o professor está procurando, e eles têm a sensação de "pergunta e resposta". Pode parecer implicância questionar essas diferenças sutis de escrita da questão, mas, em contextos escolares em que toda a experiência dos alunos é moldada pela forma como as aulas são ministradas, as recompensas cognitivas do olhar atento dependem muito da maneira e dos métodos de instrução. É preciso ter muita habilidade para evitar um estilo de ensino com resposta mecânica em favor de uma abordagem baseada em investigação. Apesar de toda a conversa sobre o ensino centrado no aluno na teoria educacional, os professores tendem a não ser treinados para ensinar dessa maneira, mesmo hoje, no século XXI. Os benefícios potenciais do olhar atento para os estudantes estão inevitavelmente ligados à forma como os alunos são ensinados. Esse é um tema recorrente na exploração de práticas históricas e contemporâneas do olhar atento. Vimos isso no capítulo anterior sobre museus, e o tema é revisitado em profundidade no capítulo final do livro.

Para além do desafio da pedagogia — e é um desafio não apenas para o estudo da natureza, mas para todas as abordagens educacionais descritas neste capítulo —, é interessante analisar alguns dos fios condutores que conectam o estudo da natureza às outras ideias educacionais discutidas até agora. Como o *Orbis pictus* de Comenius, os livros didáticos sobre o estudo da natureza usaram objetos e experiências cotidianas da infância como ponto de partida. Como Rousseau, Pestalozzi e Froebel, os proponentes do estudo da natureza descreveram suas abordagens como um antídoto para a modernidade e se esforçaram para alinhar seus princípios educacionais com o que viam como um desenvolvimento infantil natural. Todas as abordagens visam a alavancar o viés natural dos alunos para observarem as coisas por si mesmos, e todas elas visam a trabalhar em cima da experiência direta dos alunos no mundo.

A ideia da importância da experiência direta nos leva à última filosofia educacional abordada neste capítulo: as ideias de John Dewey.

## A EDUCAÇÃO PROGRESSIVA DE JOHN DEWEY

John Dewey foi um filósofo e teórico educacional americano cujas ideias moldaram profundamente a forma como pensamos a educação progressiva nos séculos XX e XXI. Escritor prolífico e intelectual público ativo, John Dewey acreditava que a educação oferece a maneira mais poderosa de moldar a sociedade para o bem. Ela pode fazer isso desenvolvendo a capacidade dos estudantes de pensarem por si mesmos, para que possam interpretar o passado de maneiras relevantes para seu próprio presente e para que possam participar de forma ponderada de uma sociedade que está continuamente lutando por fins mais justos e democráticos.

As ideias de Dewey sobre aprendizagem contrastam com um modelo transmissivo de educação em que o conhecimento cultural objetivo é transmitido a mentes passivas. Ele acreditava que os alunos deveriam se dedicar e se engajar em sua própria aprendizagem, e que a aprendizagem se desdobra como um processo de "experiência educativa" que envolve um ritmo de ações e consequências — agir sobre ideias e materiais no mundo real, depois sofrer as consequências e implicações de seus esforços e, em seguida, refletir sobre o ciclo até o momento, o que, por sua vez, impulsiona e molda o próximo ciclo de ação. A frase resumida para esse aspecto do pensamento de John Dewey é "aprender fazendo", e ela está associada a uma série de práticas educacionais que são familiares a muitos educadores hoje — mais notavelmente, a aprendizagem baseada em problemas, a aprendizagem experiencial e outras abordagens educacionais construtivas nas quais os estudantes têm um papel na construção do próprio conhecimento, em vez de recebê-lo passivamente.

Em face disso, há uma conexão clara entre a ênfase de Dewey na aprendizagem orientada por interesses ou propósitos e a ideia de que observar por si mesmo é uma forma poderosa de aprendizagem. Na verdade, a conexão é quase tautológica: experimentar o impulso de olhar para algo é um sinal de interesse; estender o impulso, tirando um tempo para olhar de perto, é um ato de propósito. Um aspecto muito questionado é a conexão com as ideias de Dewey sobre os objetivos adequados da observação prolongada e até que ponto eles precisam estar vinculados à investigação orientada por propósitos. Vale a pena explorar essa questão, porque ela pode iluminar algumas dúvidas profundas sobre a natureza da observação. Uma maneira de abordá-la é olhar para as ideias de Dewey sobre o estudo da natureza, que mudaram algumas vezes.

Como filósofo da educação que começou sua carreira no final do século XIX, Dewey estava muito familiarizado com o movimento de estudo da natureza, que, na virada do século, foi um dos principais movimentos educacionais de seu tempo. No início de sua carreira, Dewey abraçou calorosamente o movimento, porém, mais tarde, ele passou a criticar fortemente a maneira como o estudo da natureza era ensinado.

Em 1894, Dewey, então com 35 anos, deixou seu cargo de professor na Universidade de Michigan e se mudou para a recém-criada Universidade de Chicago. Como parte da preparação de sua família para a mudança, ele visitou a Cook County Normal School, uma escola em Chicago que era administrada pelo coronel Francis Parker, um conhecido educador progressista. O estudo da natureza estava no centro do currículo da escola, e Dewey gostou do que viu. Ele gostou tanto que matriculou seus filhos na escola no ano seguinte. Em uma carta para sua esposa, Alice, ele escreveu: "Todas as salas de aula, desde a primeira série, tinham pássaros empalhados, esquilos, etc.; algumas tinham pequenos aquários; todas tinham coleções de pedras, etc. Toda a escola está organizada com base no princípio do 'estudo da natureza' [...]".[18]

As ideias de Dewey sobre educação se alinhavam facilmente com os dois objetivos do estudo da natureza. Como os proponentes do estudo da natureza, Dewey queria que os alunos desenvolvessem as habilidades de observação científica para que pudessem resolver problemas do mundo real, mas de uma maneira integrada e holística que lhes permitisse experimentar uma profunda conexão e comunhão com o mundo que estavam estudando. Além disso, as visões filosóficas de Dewey eram baseadas no "naturalismo empírico", a visão de que tudo no mundo, incluindo toda a atividade humana, pode ser explicado por fenômenos naturais, e não por entidades sobrenaturais ou formas ideais, e de que o conhecimento humano é desenvolvido por meio de experiências *na* e *da* natureza. Como ele escreveu bem mais tarde em seu livro *Experience and nature*:

> A experiência é *da* tanto quanto *na* natureza. Não é uma experiência que é experimentada, é a própria natureza — pedras, plantas, animais, doenças, saúde, temperatura, eletricidade e assim por diante. As coisas interagindo de certas maneiras *são* experiências; elas são o que é experimentado. Ligadas de outras maneiras com outro objeto natural — o organismo humano —, elas também são a forma *como* as coisas são experimentadas. A experiência, assim, alcança a natureza; ela entra para dentro dela. Ela também tem amplitude — e em uma extensão indefinidamente elástica. Ela se estende. Essa extensão constitui inferência.[19]

Dewey via o estudo da natureza como um contexto fértil para cultivar as "experiências educativas" dos alunos, e a escola do coronel Parker estava claramente em sua mente quando ele imaginou sua própria escola, a Laboratory School da Universidade de Chicago, que ele abriria um ano depois. Mais tarde, na mesma carta a Alice, ele continua:

> Há uma imagem de uma escola crescendo em minha mente o tempo todo; uma escola onde alguma atividade construtiva real e literal será o centro e a fonte de tudo, e a partir da qual o trabalho deve estar sempre crescendo em duas direções — uma da sustentação social dessa indústria construtiva, e a outra do contato com a natureza que a abastece com seus materiais.[20]

Em 1896, a escola de Dewey tinha 32 alunos e pôde contratar dois professores em tempo integral — um de história e literatura e outro de estudos da natureza. A observação atenta era uma prática central do estudo da natureza, e Dewey começou a se preocupar em como mantê-la conectada aos interesses naturais das crianças. Em um discurso de 1897 que ele fez aos pais na escola, já se pode ouvir a preocupação de Dewey:

> Fazer as crianças estudarem a terra, o ar ou a água, os pássaros, os animais ou as flores, sem considerar o ambiente delas e a relação com o uso desses elementos na vida diária, corta os laços que se relacionam e que ligam os fatos e as forças naturais às pessoas e às suas atividades. O interesse da criança desaparece, pois se perde no caminho.[21]

Apesar dessas preocupações, Dewey, é claro, reconheceu a importância da observação atenta no pensamento de alto nível, especialmente no pensamento científico, e a identificou como um componente-chave no processo de investigação. Dewey definiu a investigação como "a transformação controlada ou dirigida de uma situação indeterminada em uma que é tão determinada em suas distinções e relações constituintes que converte os elementos da situação original em um todo unificado".[22] A observação é o primeiro passo no processo de investigação porque a identificação das características observáveis de uma situação determina "os fatos do caso". Essas observações, por sua vez, sugerem ideias — ou seja, soluções, teorias, hipóteses ou possíveis cursos de ação — que, como consequência de serem imaginadas ou aplicadas, sugerem condições adicionais ou novas a serem observadas, que, por sua vez, moldam novas ideias, e assim por diante. Como Dewey explica: "A observação de fatos e os significados ou ideias sugeridos surgem e se desenvolvem em correspondência entre si".[23]

Para Dewey, esse ciclo progressivo de observação e ideação, impulsionado pelo objetivo de resolver um problema ou chegar a uma conclusão, é certamente orientado por propósitos. Como ele diz em seu livro *How we think*, "os homens das ciências nunca fazem do acúmulo de observações um fim em si mesmo, mas sempre um meio para uma conclusão intelectual geral [...]". Ele continua explicando que "a observação é um processo *ativo*. Observação é exploração e investigação para descobrir algo anteriormente oculto e desconhecido, sendo esse algo necessário para se chegar a algum fim, prático ou teórico".[23]

As preocupações de Dewey sobre o estudo da natureza ser "isolado e chato" persistiram e, em 1916, ele criticou severamente as práticas pedagógicas ligadas a esse estudo:

> Todo mundo sabe que o estudo da natureza sofreu nas escolas com a fragmentação de assuntos, por lidar com muitos pontos isolados. As partes de uma flor têm sido estudadas, por exemplo, sem o estudo da flor como um organismo, ou a flor é estudada separada da planta, e a planta, separada do solo, do ar e da luz, por meio dos quais vive. O resultado é uma morte inevitável de tópicos para os quais a atenção é convidada, mas que são tão isolados que não alimentam a imaginação.[24]

Para Dewey, a maneira de evitar essa "morte de tópicos" é garantir que as observações dos alunos sejam orientadas por seus próprios interesses e propósitos. Dewey tende a discutir a observação no contexto de cenários orientados por propósitos, como resolução de problemas e testes de hipóteses. Mas vale a pena ter em mente que o papel do propósito na observação prolongada pode ser considerado ao longo de um *continuum*. Em uma extremidade, estão as situações em que o objetivo principal é resolver um problema central e importante. Um exemplo que o próprio Dewey usa é o de um alarme de incêndio em uma sala lotada.[25] O "problema" é descobrir como sair da sala; o papel da observação é olhar em volta e determinar características espacialmente fixas da situação, como a localização dos corredores e saídas, bem como os traços mais fluidos, como o comportamento da multidão. O exemplo de Dewey é de um caso particularmente urgente, mas há muitos exemplos cotidianos menos urgentes que se agrupam desse lado do *continuum*, mesmo que não estejam no extremo. Podemos observar atentamente uma pilha de pedras, com o objetivo de descobrir a melhor forma de encaixá-las em uma parede, ou observar o padrão de pássaros que visitam seu comedouro ao ar livre, para discernir quais pássaros são migratórios. Essas são claramente atividades orientadas por propósitos, mesmo que não tenham a urgência de fugir de um incêndio.

Ao mesmo tempo, há muitos exemplos na outra extremidade, em que o papel do propósito na observação prolongada é mais difuso e fluido. São experiências em que pequenos propósitos sucessivos emergem como parte do desdobramento da experiência de observar, em vez de fazerem parte de sua espinha dorsal. Suponha que você esteja caminhando pelas montanhas e faça uma pausa por um tempo para analisar uma vista distante de um lago cercado por picos de montanhas. Seus olhos permanecem no azul celeste da água e depois se dirigem para as montanhas acima dela. Você percebe o que parece ser um indício de uma estrada de terra que serpenteia uma das encostas das montanhas e se pergunta se pode haver uma casa escondida atrás de um cume; seu olho segue a linha fina do caminho para ver o que você pode ver. Ao longo do caminho, você percebe um trecho estéril de uma encosta com uma dispersão esparsa de mudas. Você suspeita que pode ser o local de um incêndio florestal recente, então olha mais de perto para ver se consegue discernir uma faixa que indique o caminho do incêndio. Esses pequenos propósitos — procurar uma casa escondida ou o caminho de um incêndio — surgem de uma maneira que molda seu olhar sinuoso. Mas caracterizar a experiência como voltada principalmente para um propósito seria perder algo de sua textura. Esse tipo de observação emergente é frequentemente encontrado nas ciências e nas artes e foi abordado no Capítulo 2, na seção sobre a observação do inventário aberto. Lá, analisamos como os cientistas usam técnicas para fazer anotações de campo que visam a lançar uma ampla rede de observações, mesmo que atualmente pareçam desconectadas de uma questão ou de um propósito de pesquisa. Também analisamos as estratégias de poetas e artistas cujo objetivo é ver e capturar o máximo que puderem, "em todos os lugares e em qualquer lugar". E vimos a experiência dos alunos no museu, cujas observações seguiram um caminho de forma livre à medida que se baseavam nas observações de seus colegas.

Do ponto de vista educacional, existem riscos associados ao cultivo das habilidades observacionais dos alunos em ambas as extremidades do *continuum*. Na extremidade em que o objetivo principal é resolver um problema importante, os riscos têm a ver com as armadilhas dessa importância:

quanto mais estritamente os alunos forem treinados para procurar *determinados* tipos de características, maior a probabilidade de deixarem passar características importantes que estão fora de seu foco de atenção. Os riscos no outro extremo do espectro são exatamente o que Dewey critica: uma listagem mecânica de características observáveis que está separada dos interesses e impulsos naturais dos alunos. Embora Dewey esteja certo em se preocupar com o problema da observação "isolada e monótona", a fonte do problema não é tanto a ausência de um propósito condutor, mas sim a pedagogia rígida que não dá espaço para os propósitos espontâneos dos alunos moldarem o fluxo de suas observações.

A solução para esse problema é menos provável de ser encontrada no nível mais amplo da teoria do que nas sutilezas do *design* instrucional e da arte de ensinar. Como exemplo, lembre-se das duas lições contrastantes de estudo da natureza sobre galinhas mencionadas anteriormente: ambas foram baseadas na mesma abordagem educacional, o estudo da natureza; ambas eram sobre o mesmo tópico, galinhas; e ambas usaram perguntas para extrair as observações dos alunos. No entanto, a primeira convida os alunos a examinarem as características das galinhas por si mesmos e a seguirem o fluxo natural de suas observações, enquanto a segunda parece pedir aos estudantes que ensaiem o conhecimento que já possuem e adivinhem a resposta que o professor deseja.

Este capítulo começou afirmando que a ideia de escola é baseada na crença de que há valor em seguir um padrão organizado de instrução para aprender de forma eficaz. Todos os pensadores discutidos no capítulo — Comenius, Rousseau, Pestalozzi, Froebel, Agassiz e Dewey — acreditavam que a educação deveria ser organizada para promover e ampliar o interesse inato dos alunos em olhar as coisas por si mesmos. O fio desse pensamento se desenrola de maneira diferente em suas várias filosofias, mas a vertente geral é robusta. Ainda assim, o ponto mais importante é como essas ideias se traduzem na prática. Como mostra a crítica de Dewey ao estudo da natureza, é muito fácil para uma instrução que é projetada com a melhor das intenções escorregar para lições didáticas em que o impulso dos alunos de olharem as coisas por si mesmos é sufocado, em vez de encorajado. Voltamos a essa questão no capítulo final do livro e consideramos maneiras de como abordá-la. Mas, para irmos pela rota mais lenta, os próximos dois capítulos analisam primeiro a conexão entre o olhar atento e a história da observação científica e, em seguida, os diferentes rendimentos cognitivos do olhar atento — em outras palavras, os diferentes tipos de coisas que o olhar atento nos ajuda a aprender.

## NOTAS

1. COMENIUS, J. A. *The orbis pictus of John Amos Comenius.* Syracuse: C. W. Bardeen, 1887.
2. ROUSSEAU, J. *Emile*: or on education. New York: Basic Books, 1979. p. 100. (Obra originalmente publicada em 1762).
3. ARMYTAGE, W. H. G. Friedrich Froebel: a centennial appreciation. *History of Education Journal*, v. 3, n. 4, p. 107–113, 1952.
4. THE ANDERSON School of Natural History. *Nature*, v. 11, n. 270, p. 167–168, 1874.
5. Ironicamente, embora o Museu de Zoologia Comparada hoje seja um centro próspero para estudos evolutivos, Louis Agassiz não estava do lado certo da história em relação à Teoria da Evolução. Contemporâneo de Darwin, Agassiz acreditava que Deus havia criado todas as espécies em sua localização atual e que as espécies não mudavam com o tempo; em vez disso, elas eram periodicamente extintas devido a grandes catástrofes, como inundações e eventos glaciais. Em 1860, Agassiz escreveu uma resenha de *Origem das espécies* no *American Journal of Science*, chamando as ideias de Darwin de falsas e de um erro científico. Ele se opôs às teorias de Darwin pelo resto de sua carreira.
6. SCUDDER, S. H. In the laboratory with Agassiz. *Every Saturday*, v. 16, p. 369–370, 1974.
7. JAMES, W. *Memories and studies.* New York: Longmans, Green, 1911.
8. JORDAN, D. S. Agassiz at Penikese. *In*: JORDAN, D. S. *Science sketches.* Chicago: McClung, 1896. p. 134.
9. AGASSIZ, L. *In*: NATURAL science news, for the student of natural history. Albion: Frank H. Lattin, 1895. v. 1. p. 186.
10. ARMITAGE, K. C. *The nature study movement:* the forgotten popularizer of America's conservationist ethic. Lawrence: University Press of Kansas, 2009. p. 4.
11. ARMITAGE, K. C. *The nature study movement:* the forgotten popularizer of America's conservationist ethic. Lawrence: University Press of Kansas, 2009. p. 3.
12. BAILEY, L. H. *The nature study idea:* being an interpretation of the new school-movement to put the child in sympathy with nature. 2nd ed. New York: Doubleday, Page & Company, 1905. p. 4.
13. BAILEY, L. H. *The nature study idea*: being an interpretation of the new school-movement to put the child in sympathy with nature. 2nd ed. New York: Doubleday, Page & Company, 1905. p. 139.
14. COMSTOCK, A. B. *Handbook of nature-study*. Ithaca: Comstock, 1986. p. 4. (Obra originalmente publicada em 1911).
15. COMSTOCK, A. B. *Handbook of nature-study*. Ithaca: Comstock, 1986. p. 6.

16. COMSTOCK, A. B. *Handbook of nature-study*. Ithaca: Comstock, 1986. p. 30–31.
17. MCMURRY, L. B. *Nature study lessons for primary grades*. New York: The MacMillan Company, 1913. p. 69–70.
18. HEIN, G. E. *Progressive museum practice:* John Dewey and democracy. New York: Routledge, 2012. p. 23.
19. HEIN, G. E. *Progressive museum practice:* John Dewey and democracy. New York: Routledge, 2012. p. 12–13.
20. HEIN, G. E. *Progressive museum practice:* John Dewey and democracy. New York: Routledge, 2012. p. 24.
21. MAYHEW, K. C.; EDWARDS, A. C. *The Dewey school*. New York: Atherton, 1965. (Obra originalmente publicada em 1936).
22. DEWEY, J. The pattern of inquiry. *In*: DEWEY, J. *Logic*: theory of inquiry. Carbondale: Southern Illinois University, 1986. (The Later Works, 1925-1953, v. 12). p. 104. (Obra originalmente publicada em 1938).
23. DEWEY, J. The pattern of inquiry. *In*: DEWEY, J. *Logic*: theory of inquiry. Carbondale: Southern Illinois University, 1986. (The Later Works, 1925-1953, v. 12). p. 113.
24. DEWEY, J. *Democracy and education*: an introduction to the philosophy of education. New York: Macmillan, 1916.
25. DEWEY, J. The pattern of inquiry. *In*: DEWEY, J. *Logic*: theory of inquiry. Carbondale: Southern Illinois University, 1986. (The Later Works, 1925-1953, v. 12).

# 7

# A CIÊNCIA APRENDE A OBSERVAR

Em 1551, o médico Lusitanus Amatus publicou *Centuria I*, o primeiro do que seriam sete volumes de histórias de casos médicos, cada um dos quais continha "100 casos interessantes e instrutivos".[1] Descendente de *marranos*, os judeus ibéricos que foram forçados a se converter ao cristianismo, mas continuaram a praticar o judaísmo em segredo, Amatus nasceu em Portugal e estudou medicina na Espanha. Mas o medo da Inquisição o impediu de exercer a sua profissão na Península Ibérica, e ele acabou indo para a Itália, que na época estava desfrutando de uma atmosfera religiosa mais tolerante. Amatus prosperou na Itália. Ele se tornou amplamente conhecido como médico, professor e estudioso, e seus pacientes incluíam membros da nobreza italiana, bem como o papa. Suas aulas, que eram acompanhadas de notáveis dissecações, tornaram-se famosas — ele tem a fama de ter dissecado 12 cadáveres em uma só aula —, e Amatus é reconhecido como a pessoa que descobriu a presença de válvulas nas veias, o que eventualmente levou à descoberta da circulação do sangue.

Amatus não era apenas um estudioso — era também um inovador. Quando publicou os *Centurae*, ele organizou a apresentação do texto de uma maneira incomum na época: ele usou uma convenção tipográfica que permitia aos leitores distinguir visualmente entre dois tipos de relatórios científicos. Primeiro, em uma seção apresentada em fonte romana padrão e rotulada *Curatio*, ele descreveu suas observações das características de um caso médico. Em seguida, em uma seção apresentada em itálico e rotulada *Scholia*, ele ofereceu seu comentário acadêmico sobre o caso. Em outras palavras, Amatus usou convenções textuais para fazer uma distinção clara entre observação e teoria. Além disso, ao dar tratamento igual a ambas as categorias, ele chamou a atenção para o rápido aumento de *status* da observação no início da ciência moderna.

Do nosso ponto de vista contemporâneo, pode parecer óbvio que fazer observações faz parte do que significa fazer ciência, quase por definição: a caracterização moderna do conhecimento científico é que ele é derivado de observações cuidadosas e sistemáticas, muitas vezes complementadas por experimentação, que levam a entendimentos testáveis do mundo natural. Mas na Europa antes do século XVI, a compreensão científica da natureza era considerada derivada de princípios fundamentais e regras gerais, e não da observação direta. O conhecimento observacional era visto como tendo valor prático para pessoas como agricultores e marinheiros porque ajudava na tomada de decisões do dia a dia, mas ele tinha o *status* de tradição, e não de conhecimento científico. Então, por exemplo, observações de eventos climáticos ajudavam os marinheiros a fazerem uma previsão de quando eles poderiam navegar, mas não explicavam os princípios fundamentais do clima — as regras gerais que determinam os padrões climáticos —, nem os princípios fundamentais a partir dos quais essas regras gerais poderiam ser deduzidas. A descoberta dos princípios fundamentais foi uma questão de análise acadêmica, e não de observação direta.

Não é que as pessoas não fizessem ou confiassem em observações empíricas antes do Renascimento. É claro que elas faziam análises e confiavam nelas. Mas, como aponta a historiadora Katherine Park, essas pessoas tinham apenas uma presença marginal nos escritos eruditos. Em seu ensaio *Observation in the margins, 500–1500*, Park explica que, nos escritos clássicos e medievais, as observações empíricas sobre o mundo natural eram frequentemente anotadas anonimamente nas margens dos textos, geralmente relacionadas a preocupações práticas, como navegação e agricultura. Não só a percepção direta era considerada marginal ao conhecimento científico genuíno, como o próprio termo "observação" não tinha um único significado. Apontando para os escritos de Plínio, um estudioso do século I, cuja enciclopédica obra *História natural* foi amplamente influente na Idade Média, Park explica que foi usado o termo *observationes* "[...] para se referir tanto ao processo original de rastrear correlações quanto às regras práticas derivadas delas, como a 'observação' de que comer um número ímpar de caracóis cozidos e grelhados é particularmente bom para problemas estomacais".[2] O duplo sentido de *observationes* na ciência pré-moderna se referia tanto à descrição empírica de algo quanto às observâncias, ou receitas procedimentais, relacionadas a isso.

A convenção de Amatus de separar tipograficamente as observações de estudo de caso e o comentário especulativo foi um movimento importante para aprimorar o conceito de observação. Ela também marcou o que a estudiosa Gianna Pomata descreve como um *gênero epistêmico*, uma nova convenção para escrever especificamente sobre observações científicas, que surgiu na Europa em meados do século XVI e foi rapidamente adotada por estudiosos de todas as disciplinas. Pomata explica: "Em campos que vão da astronomia e da astrologia à filologia e à lexicografia, da jurisprudência à medicina e à escrita de viagens, os estudiosos escreveram novos tipos de textos, que apresentaram deliberadamente, com orgulho assertivo, sob o novo título de *observationes*".[3]

Esse novo gênero trouxe à tona um conceito de observação que nos soa familiar atualmente. A historiadora de ciências Lorraine Daston explica:

> Como características do gênero epistêmico emergente das *observationes* destaca-se, primeiramente, uma ênfase em eventos singulares, testemunhados em primeira mão (*autópsia*) por um autor nomeado (em contraste com o acúmulo ao longo dos séculos de dados anônimos descritos por Cícero e Plínio [...]); em segundo lugar, uma tentativa deliberada de separar a observação da conjectura (em contraste com a conexão escolástica medieval de observação com as ciências conjecturais, como a astrologia); e, em terceiro lugar, a criação de comunidades virtuais de observadores dispersos ao longo do tempo e do espaço, que se comunicavam e reuniam suas observações em cartas e publicações [...].[4]

Essa mudança na segunda metade do século XVI — da observação saindo da margem da erudição científica para se tornar uma forma central e celebrada de atividade científica — foi rápida e dramática. Para termos uma noção de quão robusta foi a mudança, vamos avançar apenas 50 anos a partir da data em que Amatus publicou o primeiro volume de seu *Centurae* e dar uma olhada na Figura 7.1.

Feita em 1602 pelo entalhador Jan Saenredam, a imagem mostra uma baleia que apareceu em uma praia no Mar do Norte, com todos os tipos de pessoas a observando de várias maneiras diferentes. Antes de continuar lendo, seria interessante você tirar um momento para observar atentamente a imagem (sinta-se livre para usar uma lupa). O que você percebe sobre as várias atividades de observação que ocorrem na cena?

A imagem mostra toda uma sociedade saindo de casa para presenciar um raro avistamento. Há várias pessoas no topo e ao redor da baleia, fazendo vários tipos de medições. Outras estão tocando a baleia para verificar sua textura. No canto inferior esquerdo, é mostrado o artista em sua empreitada para cuidadosamente desenhar a baleia. Em frente à barriga da baleia, está um nobre com um chapéu de penas e trajes elegantes. Ele provavelmente é um duque e provavelmente encomendou o desenho. O lenço preso ao nariz sugere que o forte cheiro da baleia pode perturbar sua nobre sensibilidade. Atrás da baleia, uma multidão de pessoas da cidade, até onde os olhos conseguem ver, flui em direção à carcaça, fazendo fila para olhar por si mesma, e talvez tocar e cheirar também. Do ponto de vista do olhar atento, esse é um *evento* — com pessoas de todos os estratos da sociedade aparecendo para fazer uma observação séria.[5] Longe de estar à margem, em 1602, a ideia de que a observação era uma maneira fundamental de obter conhecimento já havia conquistado a imaginação do público. Lusitanus Amatus provavelmente teria gostado.

**FIGURA 7.1** Todos da sociedade saem para observar uma baleia: *Baleia encalhada perto de Beverwick.*

*Fonte:* Jan Pietersz Saenredam (1601). Reproduzido com permissão do New Bedford Whaling Museum.

Nos séculos seguintes à publicação dos *Centurae* de Amatus, muito ainda aconteceria para ampliar e problematizar as atividades de observação científica. Uma instrumentação cada vez mais refinada foi desenvolvida, as redes de observadores se dispersaram cada vez mais em tempo, espaço e estratos sociais, e as ideias sobre como alcançar a precisão observacional mudaram. Mas, mesmo à luz dessas mudanças, algumas características centrais da atividade de observação científica permaneceram relativamente estáveis. Elas são praticamente as mesmas características que Lorraine Daston descreveu em sua caracterização do gênero epistêmico de *observationes* do século XVI. Uma é que os dados observacionais não são anônimos: observadores individuais, equipes ou comunidades de observadores estão autoralmente ligados às observações que fazem, para que os métodos observacionais possam ser examinados e os dados observacionais possam, pelo menos em teoria, ser reproduzidos por outros observadores usando os mesmos métodos em um ambiente semelhante. Outra característica é a separação entre observação e teoria — a ideia de que perceber e descrever o "o quê" de algo envolve movimentos cognitivos diferentes de interpretar ou explicar o que algo significa. Uma terceira característica é a comunicação e o agrupamento de observações em uma comunidade científica. Essa é a ideia de que outros examinarão os registros de suas observações e farão acréscimos, as estenderão ou aprenderão com elas. Uma parte tácita disso é a ideia de que os relatórios de observação devem ser comunicados de forma a se tornarem ferramentas confiáveis em uma comunidade de investigação. Pode-se imaginar que Amatus tinha esse propósito em mente quando publicou suas observações de estudo de caso de uma maneira que as separava claramente de suas especulações acadêmicas.

Nem todos os registros observacionais servem a esse propósito público. Como vimos no capítulo anterior sobre descrição, as primeiras notas de campo dos cientistas geralmente incluíam anotações informais que misturam observações, perguntas e especulações. Mas, em algum momento do arco da investigação científica, os cientistas criaram registros observacionais com a intenção de que eles servissem como recursos para outros cientistas e estudiosos. Esses registros podem assumir muitas formas. Podem, por exemplo, ser descrições escritas, como as das seções de *Curatio* de Amatus, ou podem assumir a forma de desenhos ou diagramas, como os que estão sendo feitos pelo grupo de artistas que observam a baleia encalhada. Eles podem ser atlas, mapas, modelos astronômicos, desenhos anatômicos, imagens botânicas, guias de campo ou qualquer outro registro que seja cuidadosamente processado de modo a descrever ou representar com precisão alguma fatia do mundo observável de uma maneira que possa ser estudada por outros.

Um dos principais propósitos desses registros observacionais é educacional: eles servem como recursos informativos para cientistas e leigos. Eles ajudam a treinar os olhos dos observadores novatos — e refrescam e recalibram os olhos dos especialistas —, destacando o que *procurar*. Aprender a usar esses registros, sejam gráficos, imagens, mapas ou guias de campo, faz parte do treinamento de muitas disciplinas científicas, e os registros têm uma aura de autoridade objetiva. Pense, por exemplo, em um guia de campo para borboletas, um gráfico anatômico do sistema digestivo ou uma composição fotográfica das fases da lua.

Como qualquer representação humana, os registros feitos pelo homem de observações científicas podem ser examinados não apenas em termos de seu assunto, mas também em busca de pistas sobre a mente de seus criadores e o espírito da época. Descobrir essas pistas é interessante do ponto de vista do olhar atento, porque, como qualquer outra forma de observação atenta, a atividade de observação científica cuidadosa reflete ideias sobre como atividades assim devem ocorrer e como seus registros devem ser representados — ideias que também têm uma história. A próxima seção analisa mais de perto a história das ideias que moldam a criação e o registro da observação científica. Mas, antes de continuar lendo, pode ser interessante explorar suas próprias percepções sobre o tópico. Convido você a reservar um momento para considerar as duas perguntas a seguir:

1. Quais padrões ou valores você acha que os cientistas devem ter em mente quando estão fazendo observações científicas? Em outras palavras, quais qualidades da mente os cientistas devem buscar em suas atividades observacionais?
2. Da mesma forma, que padrões ou valores você acha que os cientistas devem ter em mente quando criam os registros de suas observações que se destinam a comunicá-las — os mapas, os gráficos, as impressões e as descrições que os cientistas disponibilizam para a comunidade científica em geral?

Se você ponderou sobre a primeira pergunta, pode ter pensado que as qualidades adequadas da mente para fazer observações científicas incluem estar livre de vieses, ser escrupulosamente preciso, ser cuidadoso e ser imparcial. Se você ponderou sobre a segunda pergunta, pode ter pensado que os padrões adequados para criar registros observacionais incluem ser claro, preciso e fiel à realidade — isto é, os cientistas devem mostrar as coisas como elas "realmente são". Quando você considerou uma ou ambas as perguntas, a palavra "objetivo" pode ter passado por sua mente — o que não seria surpreendente: a ideia de que a observação científica deve aspirar a ser objetiva é familiar para nós do ponto de vista do século XXI. E, embora problematizemos prontamente a possibilidade de objetividade *absoluta*, também a aceitamos intuitivamente como um paradigma aspiracional. Mais especificamente, podemos reconhecer que as observações científicas não podem deixar de estar sujeitas a algum tipo de influência prospectiva — isto é, reconhecemos que não pode realmente haver o que o filósofo Thomas Nagel chama de "a visão do nada" —, no entanto sentimos a atração da objetividade como um ideal. Mas os paradigmas para fazer e registrar observações mudaram ao longo do tempo: o paradigma da objetividade é apenas um capítulo de uma história mais longa.

## PARADIGMAS HISTÓRICOS DA OBSERVAÇÃO

Em seu livro monumental intitulado *Objectivity*[6], os historiadores de ciências Lorraine Daston e Peter Galison traçam a história de três paradigmas da observação, que eles chamam coletivamente de "epistemologias do olho". Cada paradigma aborda as duas questões anteriores de maneira distinta. O primeiro paradigma, que eles chamam de *verdade da natureza*, baseia-se na ideia de que as representações visuais dos resultados da observação científica, como atlas, gravuras, desenhos e mapas, devem mostrar as qualidades essenciais e arquetípicas do fenômeno ou objeto observado. Um exemplo clássico desse paradigma pode ser visto nas ilustrações botânicas e na taxidermia, particularmente antes do século XIX. Esses exemplos mostram versões idealizadas de espécies e espécimes que destacam versões perfeitas de suas características típicas, como uma folha e uma flor perfeitamente moldadas ou uma pose arquetípica de um animal. Mesmo que o espécime seja mostrado em um ambiente natural, como a representação de pássaros em seus hábitats naturais que podemos ver em guias de observação de aves, a imagem destaca as características que o autor acredita que mais tipificam o espécime. Consequentemente, o olho observador atento e cuidadoso é encorajado a *procurar* essas regularidades e qualidades essenciais no processo do olhar atento.

Um segundo paradigma que Daston e Galison discutem, denominado *objetividade mecânica*, começou a surgir em meados do século XIX. Esse paradigma enfatiza um processo de registro "objetivo" que visa a capturar mecanicamente a natureza como ela aparece no momento, em todas as suas imperfeições. Originalmente, a fotografia desempenhou um papel importante na produção dessas imagens mecânicas, mas elas também podiam ser produzidas por outros meios. A ideia era seguir um procedimento rígido para registrar uma observação que removesse, tanto quanto possível, qualquer vestígio de influência humana. Daston e Galison abrem seu livro com uma história que ilustra de maneira fascinante a mudança de paradigma da verdade da natureza para a objetividade mecânica na pessoa de um único cientista, o físico britânico Arthur Worthington.

O trabalho de Worthington se concentrou na dinâmica dos fluidos, e ele estava especialmente interessado na física dos respingos. Seus experimentos de laboratório foram projetados para ajudá-lo a observar exatamente o que acontecia quando uma gota de mercúrio ou leite atingia uma superfície dura e respingava para fora. Ele desenvolveu procedimentos elaborados nos quais um feixe de luz de um milissegundo iluminava a gota e permitia que seu olho registrasse a forma do respingo no momento preciso do impacto, o que ele então desenhou o mais fielmente possível. Para ter certeza, muitos de seus esboços mostravam pequenas assimetrias na dispersão do respingo. Worthington sabia que alguma irregularidade era inevitável, em parte devido ao acaso e em parte devido às limitações de seus poderes de observação visual direta. Mas ele assumiu que a regularidade *estava* lá e, quando selecionou os desenhos para ilustrar suas descobertas, escolheu os que mostravam a profunda simetria do respingo ideal.

Então, em 1894, ele inventou uma maneira de usar a fotografia para capturar uma imagem do respingo, em vez de confiar em sua memória visual. As fotografias confirmaram muitos aspectos dos desenhos que ele havia feito, mas mostraram mais irregularidades do que ele esperava. Com o tempo, à medida que seu portfólio de fotografias se acumulava e continuava a mostrar assimetrias em cada respingo, Worthington teve uma epifania: a assimetria era a *regra,* e não a exceção.

Ao optar por favorecer os desenhos simétricos em suas publicações científicas, ele inconscientemente estava mascarando uma verdade sobre a onipresença da variação. Worthington atribuiu esse *insight* ao fato de ser capaz de usar um dispositivo mecânico (no caso dele, a câmera) para remover a tentação de pensar que ele viu o que esperava ver. Como Daston e Galison explicam,

> Somente com essas fotografias em mãos ele percebeu que as assimetrias e falhas não eram desvios de alguma imagem central clara e perfeita — a irregularidade sempre esteve presente. Não fazia mais sentido para ele continuar a fazer aquelas representações dos respingos, pois elas eram apenas idealizações que não refletiam cada respingo em *particular.* Ele havia passado da verdade da natureza para a objetividade.[7]

Worthington era um homem de seu tempo, e, até o final do século XIX, o ideal da objetividade mecânica havia se consolidado em todas as ciências. Como Daston e Galison têm o cuidado de apontar, o advento da fotografia não foi a única causa. Por um lado, o retoque fotográfico existe desde a invenção da fotografia — portanto, nem todas as fotografias são apresentadas como "objetivas", mesmo aquelas datadas do início desse método. Além disso, outros procedimentos podem ser usados para aproximar a automaticidade de

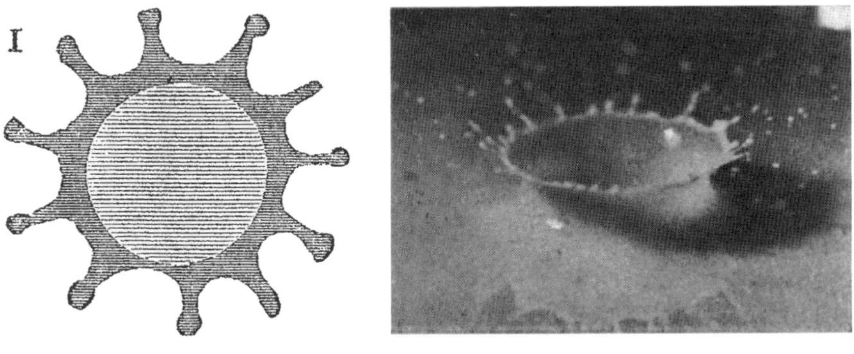


**FIGURA 7.2** Arthur Mason Worthington, de seus estudos de respingos de líquidos. 1876 (esquerda) / 1908 (direita).
*Fonte:* Domínio público.

imagens feitas mecanicamente, como cópias ou desenhos feitos à mão altamente supervisionados. Portanto, a fotografia não é o único procedimento mecânico disponível para os cientistas. Mas, quando usadas a serviço da objetividade, as fotografias e outros registros observacionais produzidos mecanicamente podem ser "[...] livres da tentação interna de teorizar, antropomorfizar, embelezar ou interpretar a natureza. O que o observador humano conseguia alcançar apenas com uma grande autodisciplina, a máquina passou a realizar sem esforço [...]".[8]

O ideal da objetividade mecânica dominou a observação científica até o século XX, mas também tinha limitações. Na segunda década do século XX, outro paradigma de atividade observacional estava emergindo, o que Daston e Galison denominaram *julgamento treinado*. Ele surgiu não tanto como um substituto da objetividade mecânica, mas como um incremento dela. As máquinas podem ser capazes de produzir registros observacionais precisos e singulares, mas não são capazes de separar, classificar ou discernir padrões — embora isso esteja caminhando para a mudança.[9] Atividades como ler raios X, classificar espectros estelares ou discernir padrões de atividade cerebral em eletroencefalogramas exigiam um julgamento treinado para "[...] sintetizar, destacar e compreender relações de maneiras que não eram redutíveis a procedimentos mecânicos [...]".[10]

Não é que os registros feitos à máquina tenham sido abandonados. Longe disso. Mas entender os registros feitos por máquinas envolvia mais do que mecanizar procedimentos. Não por acaso, ao mesmo tempo que essas limitações à objetividade mecânica estavam sendo articuladas, novas ideias sobre as capacidades da mente inconsciente emergiam da psicologia. Com base na visão de Sigmund Freud do inconsciente como um grande e agitado reservatório de impulsos e desejos, os psicólogos olhavam cada vez mais para o funcionamento da mente inconsciente. Eles passaram a vê-la não apenas como um caldeirão de impulsos não filtrados, mas também como uma fonte de criatividade e *insights* — um lugar onde as ideias poderiam ser inconscientemente incubadas e onde enormes quantidades de informações e experiências poderiam ser inconscientemente classificadas e processadas, eventualmente chegando à consciência na forma de intuições, *insights* e conhecimento tácito. Essa nova visão das capacidades do inconsciente colocou os poderes observacionais dos cientistas sob uma nova luz. A "visão científica" a que os cientistas aspiravam sob o paradigma da objetividade mecânica dependia da supressão do "eu" subjetivo. Agora, tanto aos cientistas quanto aos técnicos especializados que os assistiam eram atribuídos poderes observacionais que eram *aprimorados* pelo funcionamento subjetivo da mente inconsciente. Com seus anos de experiência e treinamento, os cientistas podiam olhar para os dados e confiar em seus discernimentos menos conscientes para identificar padrões, agrupar e classificar dados e discernir faixas de normalidade e variação.

Essa crença de que o julgamento intuitivo dos cientistas poderia e deveria complementar as observações geradas por máquinas se estendeu à era do computador. Daston e Galison citam o exemplo de Luis Alvarez, o físico ganhador do Prêmio Nobel cujo trabalho em física de partículas envolveu fotografar milhões de interações de partículas dentro de uma câmara de bolhas de hidrogênio líquido e elaborar sistemas computacionais complexos para ajudar a analisar as imagens. O laboratório de radiação de Alvarez na Universidade da Califórnia, em Berkeley (EUA), tinha alguns dos instrumentos mais sofisticados do mundo. No entanto, ele insistiu que todas as pessoas que trabalhavam em seu laboratório "[...] foram ensinadas a ver as imagens científicas como questões que exigiam quantificação assistida por computador *e* um julgamento treinado".[11] Como Alvarez disse em 1966,

> Mais importante do que a [minha] reação negativa às versáteis habilidades de reconhecimento de padrões dos computadores digitais é meu forte sentimento positivo de que os seres humanos têm notáveis habilidades inerentes de análise. Acredito que essas habilidades devem ser usadas porque são melhores do que qualquer coisa que possa ser colocada em um computador.[11]

## OS PARADIGMAS PERSISTEM

Daston e Galison enfatizam que há uma história para a sequência específica de paradigmas observacionais ao longo do tempo, e que o pleno desenvolvimento de um paradigma emerge, em grande parte, definido como uma reação aos paradigmas do passado: a objetividade mecânica surgiu como uma resposta às deficiências das verdades da natureza; o julgamento treinado surgiu como uma correção para as limitações da objetividade mecânica. Mas as mentalidades da ciência se estendem além dos muros da ciência estritamente definidos; elas afetam a maneira como pensamos sobre a observação na vida cotidiana, e o surgimento de novos paradigmas não significa que os antigos desaparecem. Os três paradigmas capturam situações observacionais que estão presentes e nos são familiares na experiência do dia a dia.

Em relação à verdade da natureza, imagine tirar uma foto de uma cena marcante que você deseja compartilhar com outra pessoa. Talvez seja uma foto de uma paisagem urbana atraente ou uma vista distante de uma montanha. É provável que você tire várias fotos, não apenas uma, variando o ângulo ou a altura um pouco a cada vez, em um esforço para capturar a essência da cena. Quando se trata de escolher qual imagem compartilhar, você provavelmente escolherá aquela que acha que melhor captura essa essência, mesmo sem estar totalmente ciente dos padrões que afetam sua escolha.

Como exemplo de objetividade mecânica, lembre-se do exercício de desenho de contorno cego do capítulo sobre descrição. O exercício envolvia desenhar os contornos de um objeto sem levantar a mão do papel e sem olhar para a página. Exercícios assim reduzem o papel do julgamento e dos vieses na observação, exigindo que sua mão trace o que você realmente vê, sem verificar se seu desenho representa o que você acha que vê. O espírito da atividade é a objetividade mecânica: a mão e o olho trabalham juntos como uma espécie de máquina para distanciar o "eu" subjetivo do processo de observação.

Como exemplo de julgamento treinado, considere uma guia natural experiente que leva um grupo de turistas em uma caminhada pela natureza. À procura de atrações turísticas para destacar, ela fica ambientalmente alerta para todos os tipos de características do ambiente — perturbações nas copas das árvores, sons em folhas secas no chão, mudanças sutis de temperatura, vestígios de cheiros no ar. Em resposta às perguntas do grupo, ela pode ser capaz de oferecer uma análise de como procurar e ouvir características salientes em meio a esse cenário multissensorial. Mas ela mesma está seguindo a intuição em vez da análise — uma intuição que foi construída ao longo de anos de experiência especializada.

Nenhum dos três cenários anteriores envolve atividades científicas formais. Mas eles ilustram como as práticas e os ideais que afetam os paradigmas da observação científica também afetam práticas observacionais menos formais, ainda que de maneira menos disciplinada e estruturada. Ainda assim, a prática do olhar atento dentro da ciência é robusta, e a história da observação científica afeta nossa compreensão do olhar atento simplesmente porque a ciência é uma das principais arenas em que ela ocorre.

Observação científica e olhar atento não são a mesma coisa, mas se sobrepõem de algumas maneiras importantes. No nível fundamental, eles compartilham um compromisso epistemológico central: ambos se baseiam na crença de que a observação cuidadosa é uma maneira fundamental de obter conhecimento sobre o mundo. Além disso, a observação científica é muitas vezes (mas nem sempre) uma forma de olhar atento, simplesmente porque observações cuidadosas e precisas frequentemente levam tempo para serem feitas. Além disso, o olhar atento, como foi definido neste livro, envolve ir além das primeiras impressões, o que muitas vezes também é o objetivo da observação científica prolongada. O olhar atento é uma categoria mais ampla, porque ocorre não apenas na ciência, mas em todos os tipos de domínios e disciplinas; mas vale a pena notar que nem o olhar atento nem ir além das primeiras impressões são *requisitos* da observação científica: às vezes, os cientistas fazem observações com muita rapidez, seja por meio de impressões sensoriais imediatas ou por meio de instrumentação. E não há nenhum requisito específico na ciência para ir além das primeiras impressões, desde que as primeiras impressões dos cientistas sejam baseadas em métodos de observação disciplinados e cuidadosos.

Outra sobreposição entre ciência e olhar atento é que, assim como o olhar atento de maneira mais geral, a observação científica é caracterizada por uma orientação cognitiva que envolve dar um passo para trás da imersão. Na ciência, os parâmetros dessa orientação são relativamente circunscritos: os observadores científicos geralmente objetivam fazer observações livres de vieses e interesse pessoal e visam à precisão, à clareza e à consistência ao relatarem suas observações. Mas, como vimos neste capítulo, mesmo dentro desses parâmetros relativamente estreitos, há espaço para variação. Uma orientação observacional com base na verdade da natureza busca essências e regularidades; a orientação com base na objetividade mecânica busca singularidade e variação; uma abordagem de julgamento treinado depende da intuição especializada para discernir padrões e diferenças.

Quando Lusitanus Amatus tomou a decisão, em 1551, de separar suas observações de estudos de casos médicos de suas especulações acadêmicas usando diferentes fontes, sua inovação fez parte de uma mudança cultural dramática na maneira como pensamos sobre aprender por meio da observação. Amatus era um médico e acadêmico, e seus volumes das *Centurae* foram escritos para um público erudito. Porém, como evidenciado pelas multidões de pessoas retratadas na gravura de Jan Saenredam de uma baleia encalhada, a paixão pela observação se estende muito além da classe erudita. Algumas das pessoas que Saenredam retrata estão envolvidas em atividades que parecem ter um propósito científico. Os homens que fazem medições ou os artistas que produzem uma ilustração científica estão seguindo protocolos observacionais específicos para o tempo e a tarefa e estão claramente aprendendo algo. Mas muitos dos espectadores parecem estar desfrutando dos prazeres do olhar atento de uma maneira mais geral, simplesmente demorando-se, observando e olhando um pouco mais. Eles também estão aprendendo? E, em caso afirmativo, que tipos de *insights* e entendimentos eles podem estar adquirindo? O próximo capítulo aborda essas questões.

## NOTAS

1. O subtítulo traduzido é usado por Louis Pelner em seu artigo PELNER, J. Amatus Lusitanus (1511–1568) a prophetic physician of the 15th century. *JAMA*, v. 208, n. 4, p. 732–733, 1969.
2. PARK, K. Observation in the margins, 500–1500. *In*: DASTON, L.; LUNBECK, E. (ed.). *Histories of scientific observation*. Chicago: University of Chicago, 2011. p. 15–44.
3. POMATA, G. Observation rising: birth of an epistemic genre. *In*: DASTON, L.; LUNBECK, E. (ed.). *Histories of scientific observation*. Chicago: University of Chicago, 2011. p. 45–80.
4. DASTON, L. The empire of observation. *In*: DASTON, L.; LUNBECK, E. (ed.). *Histories of scientific observation*. Chicago: University of Chicago, 2011. p. 81–113. p. 81.
5. Para uma discussão mais completa sobre a gravura de Saenredam e seu significado histórico, ver o ensaio de Melissa Lo em DACKERMAN, S. (ed.). *Prints and the pursuit of knowledge in early modern Europe*. Cambridge: Harvard Art Museums, 2011. p. 48.
6. DASTON, L.; GALISON, P. *Objectivity*. New York: Zone Books, 2010.
7. DASTON, L.; GALISON, P. *Objectivity*. New York: Zone Books, 2010. p. 156.
8. DASTON, L.; GALISON, P. *Objectivity*. New York: Zone Books, 2010. p. 139.
9. Os escritos de Daston e Galison são de 2007. Na década seguinte, houve enormes avanços na inteligência artificial (IA), particularmente no desenvolvimento de programas projetados para simular a intuição humana. Em um futuro próximo, os cientistas esperam que os sistemas de IA sejam capazes de adquirir conhecimentos e extrair padrões de dados em um processo chamado *machine learning*. As máquinas podem, de fato, estar a caminho de desenvolver um grau de subjetividade e de resolver problemas em escala humana. Ver, por exemplo, GOODFELLOW, I.; BENGIO, Y.; COURVILLE, A. *Deep learning*. Cambridge: MIT, 2016.
10. DASTON, L.; GALISON, P. *Objectivity*. New York: Zone Books, 2010. p. 314.
11. DASTON, L.; GALISON, P. *Objectivity*. New York: Zone Books, 2010. p. 330.

8

# OLHAR ATENTO E COMPLEXIDADE

Todas as filosofias educacionais se justificam destacando os tipos de conhecimento gerados por sua prática. A justificativa geralmente assume a forma de um argumento de meios para um fim: esse argumento diz que, ao aprender certas coisas de certas maneiras, isso resultará em certos tipos de conhecimento ou entendimentos. Em termos de olhar atento, isso significa que, se o olhar atento deve ser levado a sério como uma prática educacional, é preciso que ele seja capaz de apontar para um tipo distinto de conhecimento que seja uma evidência de suas vantagens. Em outras palavras, se os alunos estão usando o tempo para olhar atentamente para uma concha, uma pintura, uma esquina movimentada ou a parte de trás de sua própria mão, deve haver alguma qualidade demonstrável de compreensão adquirida por eles.

Como os capítulos anteriores sugeriram, há qualidades desse tipo que derivam do olhar atento. Quando as pessoas reservam um tempo para observar as coisas lenta e atentamente, passam a discernir várias maneiras pelas quais elas são complexas. Essa não é uma ideia radical, e vários dos teóricos da educação que analisamos no capítulo sobre olhar atento e escola provavelmente concordariam. Por exemplo, Friedrich Froebel acreditava que, por meio da exploração sensorial de formas primárias — cubos, esferas, cilindros —, as crianças viriam a discernir a complexa arquitetura do mundo físico. Os proponentes do estudo da natureza acreditavam que, ao olhar atentamente para a natureza, os alunos passariam a apreciar a complexidade dos sistemas naturais, incluindo o próprio lugar deles nesses sistemas.

Do ponto de vista educacional, identificar o discernimento da complexidade como um resultado do olhar atento é útil de duas maneiras diferentes.

Uma é que pode servir como uma bússola para projetar experiências educacionais que incentivem o olhar atento (projetá-las para que incentivem os alunos a descobrirem e navegarem pela complexidade). Outra é que pode ajudar os educadores a descobrirem o que buscar quando querem avaliar os resultados do olhar atento (buscar por sinais de que os alunos discerniram a complexidade). Mas essa ideia levanta tantas perguntas quantas responde. Por exemplo, a complexidade vem em muitas formas. Considere o corpo humano, que é complexo porque é composto de muitas partes e sistemas físicos, mas também é complexo por causa das muitas ideias e costumes diferentes associados a ele. Observar cuidadosamente o corpo nos ajuda a apreciar algumas de suas complexidades, mas não todas elas. Portanto, uma pergunta é: que tipos de complexidade o olhar atento é especialmente bom em discernir? Outra questão tem a ver com a relação entre complexidade e conhecimento. O discernimento da complexidade é realmente um tipo de conhecimento? E, em caso afirmativo, o que o faz assim? Além disso, mesmo que seja um tipo de conhecimento, qual é o seu valor? Nem todo conhecimento vale o tempo que leva para ser adquirido, e o olhar atento definitivamente leva tempo. A equação tempo/valor é particularmente premente para os educadores escolares, que devem constantemente tomar decisões sobre quanto tempo dedicar à instrução e, por extensão, sobre que tipo de conhecimento é valioso para seus alunos.

## TRÊS TIPOS DE COMPLEXIDADE

Como o exemplo do corpo humano sugere, as coisas podem ser complexas de maneiras diferentes. Alguns tipos de complexidade não são facilmente reconhecidos por meio da observação, como a complexidade narrativa das histórias ou a complexidade conceitual de grandes ideias como justiça ou liberdade. Nem a complexidade causal é sempre facilmente reconhecível. Podemos ser capazes de ver a causalidade linear de derrubar um copo de uma mesa, mas não a diferença relacional da pressão em uma asa de avião que produz a sustentação dele.

Existem três tipos de complexidade que são mais frequentemente descobertas por meio do olhar atento. Um deles é a *complexidade das partes e interações*, que tem a ver com a complexidade física ou as múltiplas características das coisas e a maneira como essas características interagem. Outro é a *complexidade da perspectiva*, que é sobre como as coisas se parecem de diferentes pontos de vista físicos e conceituais. O terceiro tipo é a *complexidade do engajamento*, que diz respeito à interação entre o percebedor e o percebido.

Esses três tipos de complexidade podem ser explorados individualmente, e logo mais vamos examinar cada um deles. Mas notá-los frequentemente está no curso natural da observação. Um bom lugar para ver isso em ação é no trabalho descritivo de escritores e artistas. A título de exemplo, aqui estão três trechos de um conto de Virginia Woolf, narrado em primeira pessoa, chamado de *A marca na parede*.[1] Na história, uma narradora sem nome descreve o fluxo de seus pensamentos enquanto está sentada em uma poltrona e observa uma marca na parede da sala de estar. Ela começa com uma descrição direta: "A marca era uma pequena marca redonda, preta na parede branca, cerca de quinze ou vinte centímetros acima da lareira".[1]

Mesmo nessa frase descritiva simples, podemos ouvir a narradora indo além de um rápido olhar para identificar as características específicas da marca (pequena, redonda, preta), bem como a relação dela com as características do contexto maior — o preto da marca contra a parede branca e a localização precisa da marca acima da lareira. Ao detalhar as características físicas e a localização da marca, em vez de apenas registrá-la como uma marca e passar para um novo pensamento, a narradora está começando a apreciar a complexidade de suas partes.

A história continua. Depois de refletir por mais um momento sobre as características da marca, Woolf reflete sobre esse estágio inicial de observação. "Quão prontamente nossos pensamentos irrompem sobre um novo objeto", observa ela, "erguendo-o um pouco, como formigas que freneticamente carregam uma lasca de palha [...]".[1] Essa reflexão a puxa para mais ruminações e, por um momento, sua atenção se afasta da marca. Eventualmente, ela retorna, mas a orientação dela muda:

> E se eu me levantasse neste exato momento e visse que a marca na parede é na verdade — como dizer? — a cabeça de um gigantesco prego velho, pregado há duzentos anos, que agora, devido ao paciente desgaste de muitas gerações de empregadas domésticas, revelou sua cabeça acima da camada de tinta e está tendo sua primeira visão da vida moderna à vista de uma sala iluminada por fogo com paredes brancas, o que eu ganharia? Conhecimento? Mais questões para especular?[1]

Aqui a narradora brinca com a complexidade da perspectiva. Tomando primeiro uma perspectiva histórica, ela vê a marca como "[...] a cabeça de um gigantesco prego velho, pregado há duzentos anos [...]".[1] Então ela assume a perspectiva da própria marca, imaginando-a como um observador da história — talvez até mesmo um observador dela — "tendo sua primeira visão da vida moderna".

Por fim, depois de mais reflexões que culminam em uma ampla ruminação sobre arcebispos e chanceleres, a narradora dedica seu olhar totalmente à marca — e ao momento presente — e contempla seu próprio envolvimento com ela:

> Na verdade, agora que fixei meus olhos nela, sinto que agarrei uma tábua no mar; sinto uma sensação satisfatória de realidade que imediatamente transforma os dois Arcebispos e o Senhor Alto Chanceler em meras sombras. Aqui está algo definitivo, algo real.[1]

A sensação da narradora de que ela compreendeu "algo definitivo, algo real" surge ao estender sua observação da marca na parede para além de um rápido olhar. Ao fazer isso, ela naturalmente aborda cada tipo de complexidade — a complexidade das partes e interações, a complexidade da perspectiva e a complexidade do engajamento. Ela apenas aborda brevemente cada tipo, mas o exemplo é suficiente para destacá-los. Agora vamos analisar mais de perto.

## A complexidade das partes e interações

Quando pensamos em complexidade, geralmente a primeira coisa que vem à nossa mente é a complexidade das partes e interações. Um motor de carro, o interior de um relógio de bolso, um restaurante movimentado, um ecossistema de lagoas — todas essas coisas têm várias partes, e nem todas as suas partes podem ser totalmente observadas com um olhar rápido. Além disso, essas partes trabalham juntas para formar um sistema discernível. As peças do motor trabalham juntas para fazer o carro funcionar; os movimentos de um relógio trabalham juntos para dizer a hora precisamente; os cozinheiros e garçons trabalham juntos para preparar e servir comida; a flora e a fauna da área da lagoa interagem para criar um ecossistema. Apreciar as muitas partes das coisas e como essas partes funcionam juntas é um tipo importante de entendimento. Nós o adquirimos quando buscamos conhecimento prático sobre como as coisas funcionam; é um dos pilares do conhecimento científico, e confiamos nele todos os dias ao nos orientarmos pelo mundo. O olhar atento tem um papel direto a desempenhar, porque, mesmo nos objetos e sistemas mais simples, há quase sempre mais para ver do que se percebe à primeira vista.

Observar a complexidade das partes e interações leva tempo, e uma estratégia de observação bem adaptada ao desafio é a de *fazer um inventário*. Essa estratégia, que foi discutida no Capítulo 2, simplesmente envolve dedicar muito tempo para listar todas as partes observáveis de algo. No processo de notar as partes, muitas das interações entre elas também se tornam aparentes.

Aqui está um exemplo simples. Na minha mesa, na minha frente, está um grampeador antigo. Eu tenho esse item há muito tempo e me atribuí a tarefa de analisá-lo de perto por alguns minutos e listar todas as características que vejo nele. Aqui estão algumas das primeiras coisas que notei: uma base e um braço de metal; uma placa articulada de aço inoxidável diretamente

**FIGURA 8.1**
*Fonte:* Foto de Shari Tishman.

acima do local de saída dos grampos; uma borda chanfrada ao longo da base com um retângulo de plástico encaixado na parte inferior; vários parafusos na base e ao lado do braço; uma cobertura de plástico preta desgastada na parte superior do braço e a palavra "BOSTICH" impressa no metal na parte inferior dele; e uma pintura preta descascada com metal marrom por baixo. Ao notar essas partes, também consigo ver que muitas delas interagem para cumprir uma função. Por exemplo, o braço se move e é fixado à base por uma dobradiça, e a placa de aço inoxidável se abre para revelar uma base onde os grampos podem ser carregados. Os parafusos conectam os lados do braço um ao outro e todo o braço à base. A cobertura de plástico fica em cima do braço de metal (não consigo ver como está presa) e oferece um desgastado ponto a ser pressionado com a mão.

Esse pequeno exercício de olhar atento me ajudou a apreciar a complexidade das partes e interações do grampeador? Eu acredito que sim: se você tivesse me pedido há meia hora para nomear as várias partes de um grampeador e como elas interagem, é provável que eu tivesse listado muito menos partes. Agora, se você quisesse me pressionar ainda mais e avaliar a qualidade do meu conhecimento recém-adquirido, você poderia me entregar um grampeador e me pedir para explicar como suas partes e interações são complexas. Eu provavelmente poderia te dar uma resposta muito boa.

Fazer inventários é uma estratégia perfeitamente adequada para o dia a dia para descobrir a complexidade das peças e interações. Nós a utilizamos o tempo todo, mesmo não a chamando por esse nome, e ela funcionou razoavelmente bem com o grampeador. Mas também existem ferramentas mais precisas. Um exemplo de uma estratégia que oferece um conjunto mais direcionado de perguntas vem do trabalho do Project Zero. Intitulada *Parts, Purposes, Complexities* ("Partes, Propósitos, Complexidades", em português), a estratégia foi inspirada no livro de David Perkins *Knowledge as design*,[2] e nos últimos anos tornou-se amplamente utilizada como parte de uma iniciativa educacional chamada Agency by Design — um projeto de pesquisa e desenvolvimento que se concentra na aprendizagem centrada no educador.[3]

Confira a estratégia no quadro a seguir. Ela faz três perguntas diretas: *quais são as partes? Quais são as finalidades das partes? Quais são as complexidades?* No contexto do projeto Agency by Design, os alunos em todos os tipos de ambientes e em todos os níveis de ensino usaram essa estratégia em uma enorme variedade de objetos e sistemas. Para dar alguns exemplos: essa estratégia tem sido usada para analisar uma batedeira de ovos, uma prensa de tortilhas, uma fechadura, uma escultura, um telefone celular, um computador, uma torta de maçã, tênis, *hashis*, um ursinho de pelúcia, um parquímetro, um poema (certo, não é exatamente um objeto físico, mas ainda é um interessante objeto de observação). Ela tem sido usada para examinar sistemas como a fila do almoço em uma escola, um programa

## PARTES, PROPÓSITOS, COMPLEXIDADES

### Analisando minuciosamente

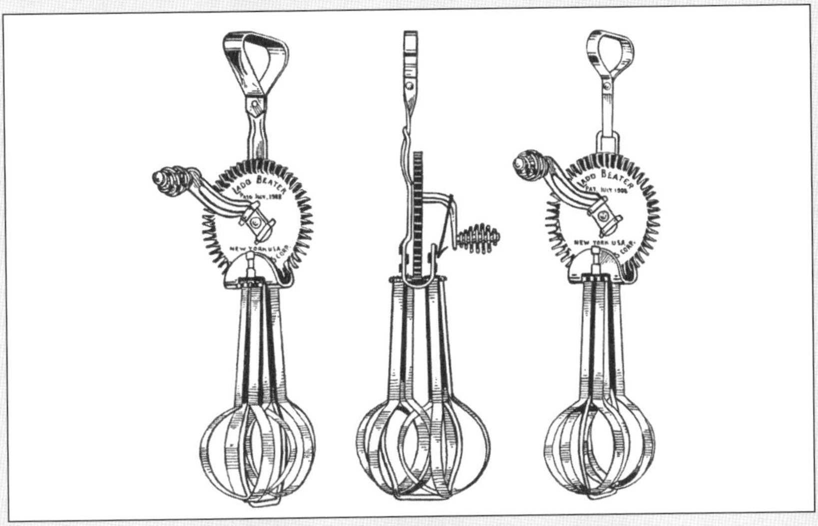

Escolha um objeto ou sistema e pergunte:

Quais são as suas **partes**?

Quais são as suas várias peças ou componentes?

Quais são os seus **propósitos**?

Quais são os propósitos de cada uma dessas partes?

Quais são as suas **complexidades**?

Como esse objeto é complicado em suas partes e propósitos, na relação entre os dois ou de outras maneiras?

de reciclagem da cidade, o processo de fazer uma torta de maçã, os padrões de tráfego em uma rua movimentada, a promoção de um videoclipe, uma marcha de protesto político e o *design* de um aplicativo. Quando os professores usam essa estratégia com seus alunos, eles geralmente fazem com que os alunos trabalhem juntos em pequenos grupos. Os estudantes se baseiam nas ideias uns dos outros e traçam seus pensamentos em uma grande folha de papel à medida que avançam. As experiências e os ganhos dos estudantes são muito parecidos com os meus com o grampeador (embora, muitas vezes, mais profundos). Eles passam a apreciar a complexidade das partes e interações vendo como objetos e sistemas têm várias partes — algumas das quais estão ocultas ou não são imediatamente óbvias — e como essas partes se encaixam ou trabalham juntas para servir a um ou mais propósitos e criar um todo maior.

Não é de surpreender que a estratégia de partes, propósitos e complexidades seja particularmente popular entre os educadores ligados ao projeto Agency by Design. Eles são educadores que frequentemente se identificam como "educadores criadores" e são especializados em aprendizagem prática. Alguns deles administram espaços de fabricação ou estúdios de invenção em suas escolas; muitos deles ensinam algum tipo de aula de fabricação — desde aulas de carpintaria tradicional até arquitetura, robótica e oficinas de eletrônica flexível. O gosto desses educadores pela estratégia Partes, Propósitos, Complexidades é digno de nota porque uma das críticas às vezes feitas à observação atenta como um modo de aprendizagem é que ela é passiva. Vimos John Dewey sugerir essa crítica no capítulo anterior sobre o olhar atento na escola. Dewey temia que a instrução que se concentrasse demais na observação atenta pareceria chata e irrelevante para os jovens, pois os fazia ficar de fora da ação de suas próprias vidas — os fazia ser espectadores em vez de atores engajados. O projeto Agency by Design, e as pesquisas associadas a ele, traz um argumento muito diferente. A premissa do projeto é que o desenvolvimento de uma sensibilidade à dimensão projetada do mundo fornece uma base para a aprendizagem centrada no agente, porque permite que os estudantes visualizem concretamente os papéis e as atividades dos *designers* e, assim, desenvolvam um senso de agência em relação ao *design* (daí o título do projeto, Agency by Design — "Agência por *Design*", em português). Em outras palavras, ao aprender a ver as partes e os propósitos por trás dos objetos e sistemas que os cercam, os alunos estarão mais inclinados a repensar, redesenhar e reinventar esses objetos e sistemas.

## A complexidade da perspectiva

Um segundo tipo de complexidade que o olhar atento pode trazer à tona é a complexidade da perspectiva. Ela tem a ver com as lentes ou posturas por meio das quais as coisas podem ser vistas e muitas vezes surge como uma consequência natural da observação da complexidade das partes e interações. Por exemplo, considere o grampeador novamente: perceber suas muitas partes e, em particular, o nome da empresa "BOSTICH" gravado em seu braço naturalmente me levou a pensar sobre isso do ponto de vista do *design*. A empresa Bostich inventou o grampeador? Provavelmente não, mas certamente alguém na Bostich pensou cuidadosamente sobre o *design* desse grampeador em particular, certificando-se de que ele era adequado para a vida desafiadora de uma ferramenta de escritório. Perceber a complexidade precisa da construção do grampeador — os parafusos de encaixe, uma ranhura de tamanho perfeito para segurar grampos, uma dobradiça que funcionava sem problemas — era uma porta de entrada fácil para se perguntar sobre a perspectiva das pessoas cujo sustento estava conectado à sua fabricação, como montadores, operadores e trabalhadores de escritório. Como cada um deles interagiu com esse objeto? Que tipos de vida eles levavam fora do trabalho? Perceber sinais do uso do grampeador ao longo do tempo, como um remendo desgastado na cobertura de plástico e a tinta preta descascando, era um convite para se perguntar sobre a perspectiva do próprio grampeador. Talvez em seu auge ele levasse uma vida plena e ativa em um escritório movimentado, grampeando centenas de relatórios e memorandos todos os dias. (Consigo quase ouvir o barulho das máquinas de escrever e copiadoras.) Recordando as ruminações de Virginia Woolf sobre a marca na parede, imagino esse grampeador como uma testemunha da história. Talvez ao longo do tempo, à medida que seus usuários foram envolvidos pela era digital e seus olhos se ajustaram à leitura na tela, o grampeador tenha passado a ser usado com menos frequência. Talvez o escritório tenha fechado ou se mudado para outros aposentos, enviando o grampeador para uma lixeira ou uma loja de segunda mão, fazendo com que ele eventualmente chegasse à minha mesa. (Para ser honesta, não sei onde consegui o grampeador, embora saiba que o tenho há muitos anos. O que sugere outra perspectiva: esquecer como as coisas vêm parar em nossas mãos é, por si só, uma perspectiva preocupante sobre a desordem da acumulação de coisas.)

Algumas dessas perspectivas sobre o grampeador são fantasiosas; outras nem tanto. Mas todas elas trazem à mente a teia de conexões que nos ligam aos objetos da vida cotidiana. Muitas vezes essas conexões são invisíveis, às vezes imaginárias. Mas também são elas que nos ligam uns aos outros e ao mundo. Apreciar a complexidade da perspectiva é uma maneira de ver as coisas e os sistemas do mundo em seus contextos mais amplos.

Uma maneira particularmente gratificante de explorar a complexidade da perspectiva é por meio das obras de arte. No Capítulo 2, examinamos brevemente *The dove*, uma colagem do artista americano Romare Beardon. Eu adoro essa obra e, ao longo dos anos, adorei ver professores de sala de aula e educadores de museus a explorarem com jovens. Invariavelmente, quanto mais os estudantes olham para *The dove*, mais eles descobrem uma variedade de perspectivas que tornam o trabalho complexo. Daqui a pouco vou dar alguns exemplos do que os alunos falam, mas, antes, pode ser interessante revisitar o trabalho, na página 23. Comece simplesmente olhando para ele atentamente por alguns minutos. Depois de um tempo, pergunte-se quais pontos de vista ou perspectivas podem ser sugeridos ou incorporados ao trabalho.

Quando os estudantes observam a obra, uma das primeiras coisas que notam é como a maioria dos objetos identificáveis no trabalho — as pessoas, os edifícios, a calçada e a rua — são compostos por partes que variam em perspectiva. As cabeças e as mãos das figuras são frequentemente retratadas tão grandes quanto o resto do corpo; janelas e portas se misturam em ângulos variados; tudo está em camadas, de modo que é difícil distinguir entre as superfícies. Os estudantes sentem a energia do trabalho primeiro por meio da perspectiva das pessoas nele. Eles notam a vivacidade e a agitação da cena das ruas da cidade — pessoas passando umas pelas outras, caminhando, observando ou sentadas. Eventualmente, eles notam os animais — geralmente primeiro a silhueta branca do gato no canto inferior esquerdo, depois a pomba no topo de um parapeito e depois o gato preto na calçada. Descobrir os animais leva os estudantes a se perguntarem sobre suas perspectivas, especialmente a da pomba olhando para baixo. O que a pomba está observando? O que o gato branco está perseguindo? A quem pertence o gato preto? Muitas vezes, os estudantes apontam que os animais na colagem são mostrados de uma perspectiva realista. Ao contrário das pessoas na foto, todas as partes do corpo dos animais parecem mais ou menos como são na vida real. Isso leva a uma pergunta sobre a intenção do artista: por que ele retratou os animais dessa maneira? E, como o trabalho é uma colagem que inclui elementos de imagens de outras fontes, alguns estudantes também se perguntam se fazer os animais parecerem realistas é realmente a intenção do artista, ou se eles foram colocados assim porque eram assim quando o artista os recortou (uma questão verdadeiramente intrincada sobre a complexidade das perspectivas).

Muitas vezes, os alunos têm um pouco de conhecimento prévio sobre o trabalho ou o artista. Por exemplo, o professor pode ter dito a eles que a imagem está em um museu (ela é propriedade do Museu de Arte Moderna de Nova York) e que é intitulada *The dove*. Eles então refletem sobre a obra como um objeto de valor. Quanto ela vale? Como chegou no museu? O artista foi rico e famoso em vida? Alguns alunos podem saber que Romare Beardon cresceu em Nova York durante o Renascimento do Harlem na década de 1920 e que ele amava *jazz*. Sabendo disso, e às vezes até sem saber disso, os estudantes imaginam como o trabalho soaria se fosse musicado, vendo nele uma espécie de ritmo sincopado semelhante ao *jazz*. Eles podem saber que Romare Beardon fez a colagem na década de 1960, durante o Movimento dos Direitos Civis, o que os faz pensar sobre o significado da pomba. Muitas vezes, os alunos se perguntam sobre o processo criativo de Beardon: ele teve uma visão completa do trabalho antes de fazê-lo ou a obra surgiu à medida que ele a fazia? Também com muita frequência, os estudantes comentam sobre a própria familiaridade deles com a cena. Os estudantes urbanos observam que já estiveram em lugares que trazem a mesma sensação que a obra. Estudantes que moram fora das cidades a consideram menos familiar e se perguntam como seria morar lá. Os alunos que vivem em comunidades não brancas ou em comunidades racialmente diversas geralmente não mencionam a cor da pele das pessoas retratadas na obra. Estudantes brancos que vivem em comunidades predominantemente brancas costumam mencionar que as pessoas no trabalho são negras. A maioria dos estudantes percebe os cigarros, e alguns os veem como artefatos de uma época anterior.

De que maneiras os alunos discernem a complexidade da perspectiva em *The dove*? Em primeiro lugar, eles imediatamente percebem a complexidade física da construção da colagem — suas camadas e seus ângulos variados, seu povo composto de diferentes partes em perspectiva. Eles também observam a perspectiva contrastante das pessoas e dos animais na obra, tanto na forma como são retratados de maneira diferente quanto nos diferentes papéis que desempenham na ação da obra. Os estudantes também parecem perceber complexidade na perspectiva do artista, ao se perguntarem sobre as intenções dele e a interação entre elas e o processo de criação do trabalho. Além disso, ao se perguntarem sobre o preço da obra e o *status* dela como obra de um museu, os alunos exploram a perspectiva da obra como um objeto de valor e de mercado. E, por fim, os estudantes tomam consciência da própria perspectiva deles, reconhecendo que eles mesmos têm uma relação de familiaridade ou não com o tempo, o lugar e as pessoas retratados na imagem.

## A complexidade do engajamento

O terceiro tipo de complexidade que muitas vezes é discernido pelo olhar atento se relaciona diretamente com esse último ponto, sobre a consciência dos alunos como observadores. Um paradoxo sobre o olhar atento é que, como geralmente ele envolve uma sensação de separação entre o "eu" e o objeto observado, é fácil imaginar-se fora da imagem — pensar no olhar como separado do objeto ou da cena observada. Mas é claro que essa separação não existe, e a complexidade do engajamento tem a ver com sondar nossa própria experiência como observadores. Quem somos nós em relação ao que observamos? Como nossas próprias ideias e experiências moldam o que vemos? O que podemos aprender sobre o mundo questionando nossas próprias práticas de observação?

Já vimos um exemplo impressionante da complexidade do engajamento na história contada no capítulo anterior sobre o cientista Arthur Worthington e seu trabalho com a física dos respingos. Worthington era um observador diligente e cuidadoso, mas foi só quando ele refletiu sobre as suposições que trouxe para o ato de observação que foi capaz de ver como suas crenças influenciavam o que via. Por acreditar tão fortemente na profunda simetria estrutural da natureza, ele continuava minimizando a assimetria dos respingos de líquido que observava a olho nu. Porém, assim que ele começou a usar fotografias, percebeu que sua crença o cegara para o fato de que a assimetria era a regra, e não a exceção. O *insight* de Worthington foi duplo: ele aprendeu algo sobre a física dos respingos e também aprendeu algo sobre a complexidade da observação.

As gotículas de Worthington eram objetos neutros: não foram intencionalmente projetadas para fazê-lo refletir sobre o ato de observação, mesmo que o tenham feito. Porém, às vezes, o objeto da observação *é* intencionalmente projetado para provocar a reflexão sobre o ato de observar. Artistas muitas vezes visam a esse tipo de provocação, e às vezes as exposições de museu também. Um exemplo poderoso que une artista e museu é o trabalho do artista americano contemporâneo Fred Wilson. Em uma exposição histórica de 1992 na Maryland Historical Society, chamada *Mining the Museum*, Wilson reimaginou algumas das exposições do museu para trazer à tona a história dos nativos americanos e afro-americanos em Maryland — histórias que estavam em grande parte ausentes das exposições do museu. Wilson examinou criticamente, ou "extraiu" o ponto de vista do museu, reconstruindo as exposições e trazendo novos artefatos do acervo. Uma instalação chamada *Metalwork* mostra um agrupamento de urnas e taças de prata brilhantes e ornamentadas, com um conjunto de grilhões de ferro de escravos colocados no centro. Tanto a prataria quanto as algemas são

**FIGURA 8.2** Fred Wilson. *Trabalho em metal 1793-1880*. Instalação, 1992.
*Fonte:* MTM 010, Cortesia da Maryland Historical Society.

acompanhadas por etiquetas de museu comuns, com aparência neutra, que fornecem informações básicas sobre data e materiais.

Assim que os espectadores tiram tempo para analisar a exposição, é mais difícil ter uma experiência de visualização benigna. Com as algemas à vista, o observador fica repentinamente desconfortável ao olhar para as pratas simplesmente como belas peças de artesanato, isoladas do contexto de sua produção. O que mais estava acontecendo quando essas peças de prata foram feitas? Que tipo de sociedade bebia vinho em taças de prata e também mantinha escravos? De forma mais geral, qual ponto de vista é refletido nas exposições tradicionais do museu? As histórias de quem não são contadas? E como nós, visitantes do museu, somos cúmplices em privilegiar certas histórias em detrimento de outras?

De diferentes maneiras, a exposição de Wilson e a epifania de Worthington oferecem *insights* sobre a complexidade do engajamento, revelando as maneiras ocultas pelas quais nossos contextos e nossas suposições prévias moldam como vemos o que está bem à nossa frente. Outro tipo de complexidade de engajamento surge quando nos tornamos conscientes de nós mesmos como objetos visíveis — isto é, quando nos vemos pelos olhos dos outros. Um teórico do século XX que pensou profundamente sobre isso foi o filósofo e psicanalista francês Jacques Lacan, que popularizou um conceito de "olhar". Lacan originalmente desenvolveu suas visões como parte de uma teoria do desenvolvimento infantil: ele propôs que crianças muito pequenas experimentam um "estágio de espelho", em que elas percebem que têm uma aparência externa que pode ser refletida, ou "espelhada", de volta para elas no olhar dos outros, e esse é um momento seminal no desenvolvimento do "eu". Lacan mais tarde expandiu sua visão e argumentou que a consciência ansiosa que vem com a visão de si mesmo como um objeto visível é uma força contínua também na formação da identidade adulta. As ideias de Lacan foram influentes. Nas décadas que se seguiram à sua escrita inicial sobre o olhar, o conceito tem sido amplamente utilizado pelos estudiosos como uma forma de explorar a construção da identidade humana e a dinâmica de poder das relações humanas, porque fornece uma lente para entender como definimos as pessoas, incluindo nós mesmos, por meio da pessoa ou da perspectiva que detém o poder do olhar.

Uma das extensões mais conhecidas das visões de Lacan vem da crítica de cinema Laura Mulvey. Em seu influente ensaio de 1975, *Visual pleasure and narrative cinema*,[4] Mulvey explorou como o cinema convencional é dominado pelo que ela chamou de "olhar masculino". Ela argumenta que, na maioria dos filmes de Hollywood, a câmera coloca o espectador na perspectiva de um homem heterossexual cujo olhar enquadra a mulher como um objeto sexual, olhando para ela como um objeto de desejo. O espectador, homem ou mulher, é muitas vezes atraído para uma experiência de olhar atento enquanto a câmera se prolonga sobre as curvas sexualizadas do corpo de uma mulher. O olhar cria uma assimetria de poder: o olhar masculino enquadra ativamente a cena; a mulher é o sujeito observado. Assim, o olhar masculino no cinema reflete e consolida formas estereotipadas de conceituar as identidades masculina e feminina. Esse fenômeno não se limita ao cinema, é claro, nem se limita à mídia contemporânea. O crítico de arte John Berger trouxe um argumento semelhante sobre a história da pintura a óleo europeia em sua série de televisão de 1972 que virou livro, *Modos de ver*. "Os homens agem, e as mulheres aparecem", observou ele. "Os homens olham para as mulheres. As mulheres se veem sendo observadas."[5] Discutindo a categoria frequentemente recorrente de nus na pintura europeia, Berger argumentou que as mulheres são retratadas como tendo uma espécie de identidade dupla: "O inspetor da mulher em si é homem: a mulher inspecionada", explica ele. "Assim, ela se transforma em um objeto — mais particularmente, um objeto de observação: uma visão."[5]

Interrogar o olhar que busca nos definir é uma das maneiras mais potentes de explorar a complexidade do engajamento, e isso está longe de ser exclusividade de estudiosos. Um poderoso exemplo contemporâneo vem da campanha do Twitter #iftheygunnedmedown ("#seatirassememmim", em português), de 2014, que teve início após a polícia atirar fatalmente em Michael Brown, um adolescente negro desarmado, em Ferguson, Missouri (EUA). A imagem de Michael Brown difundida na mídia imediatamente após o tiroteio mostrava uma foto que o retratava como ameaçador. A foto foi tirada abaixo do nível dos olhos para que ele parecesse grande, e ele estava fazendo um gesto com a mão que foi percebido por muitos como um sinal de gangue, embora fosse, na verdade, um sinal de paz. Essa foto foi amplamente divulgada pela mídia, em vez de outra imagem que também estava disponível que mostrava Michael Brown com uma aparência mais jovem e não ameaçadora. Quase imediatamente, jovens começaram a postar pares de fotos de si mesmos no Twitter sob a *hashtag* #iftheygunnedmedown, insistentemente perguntando: *qual dessas fotos eles escolheriam?* Um dos primeiros *posts* mostra uma foto de um jovem vestindo uma camiseta preta e fazendo um sinal com a mão, ao lado de outra foto dele em um *smoking* segurando um saxofone (https://twitter.com/ThatsSoAtkinz/status/498637765790019584). Outro *post* mostra um jovem descansando em uma cama e vestido de preto, ao lado de uma foto dele em uniforme militar lendo um livro ilustrado para um grupo de crianças (https://twitter.com/ManLikeJay_co/status/498760776019374080). É impossível olhar para essas imagens lado a lado sem nos sentirmos incomodados em reconhecer como estamos excessivamente dispostos a interpretar as imagens de acordo com os estereótipos que elas parecem reforçar.

A campanha #iftheygunnedmedown do Twitter surgiu espontaneamente em resposta a eventos atuais. Ela não foi explicitamente concebida como um programa educacional, mas os programas educacionais *podem* ser intencionalmente concebidos para incentivar uma compreensão da complexidade do envolvimento. Um exemplo interessante vem de uma direção bem diferente: as crescentes parcerias entre museus de arte e escolas médicas. Entre os resultados que esses programas buscam estão encorajar a equipe médica a questionar as suposições e os estereótipos que eles trazem para o ato de observação e reconhecer como as histórias interpretativas que as pessoas constroem sobre obras de arte — e sobre pacientes — podem diferir, apesar de um mesmo conjunto de dados — um resultado que os ativistas do #iftheygunnedmedown certamente apreciariam.

Um fórum recente no Museu de Arte Moderna de Nova York, intitulado *The Art of Examination*, fez uma pergunta provocativa: "[...] olhar para um sarcófago etrusco, um retrato do pintor americano John Singleton Copley ou uma pintura abstrata de Franz Kline pode mudar a maneira como os estudantes de medicina veem seus pacientes?".[6] A resposta parece ser um retumbante "sim". O fórum fez parte de um movimento para melhorar a formação clínica dos médicos, incentivando uma compreensão mais humanista da saúde e do bem-estar. O movimento está florescendo: equipes de instrutores de mais de 60 escolas médicas e museus de arte de todos os EUA participaram de uma conferência para trocar ideias e planejar o futuro.

Vale a pena analisar os programas de parceria entre museus de arte e escolas médicas um pouco mais de perto, porque eles servem como um bom exemplo de como os programas educacionais podem enfatizar a apreciação dos três tipos de complexidade discutidos neste capítulo. Em seus primeiros anos, o foco dos programas estava principalmente no que eu chamaria de complexidade de partes e interações. Por exemplo, em 1999, dois pioneiros no campo, Irwin Braverman, professor de dermatologia da Yale School of Medicine, e Linda Friedlaender, curadora sênior de educação do Yale Center for British Art, desenvolveram um programa para aprimorar as habilidades de observação clínica dos alunos.[7] A ideia original era envolver os alunos em exercícios de análise visual com obras de arte, aumentando, assim, a capacidade deles de discernir e descrever detalhes minuciosos em pinturas e no diagnóstico visual de doenças dermatológicas. O programa foi bem-sucedido e serviu de inspiração para outros programas, como o do Frick Museum, em Nova York, intitulado *Learning to Look*, em que uma equipe médica examinou atentamente retratos pintados e aplicou as mesmas habilidades ao exame de fotografias dos rostos dos pacientes.

À medida que programas semelhantes surgiram em todo o país, suas atividades se expandiram: eles mantiveram o foco no olhar atento e na discussão em grupo, mas agora incluíam atividades como esboço, escrita, movimento e meditação. Os educadores rapidamente perceberam que esses programas estavam fazendo muito mais do que ensinar aos estudantes de medicina as habilidades técnicas da análise visual. Por exemplo, à medida que os participantes discutiam obras de arte uns com os outros, eles passaram a apreciar a complexidade da perspectiva, descobrindo como diferentes membros de uma equipe médica podem ter perspectivas muito diferentes sobre tópicos difíceis, como morte, privacidade e o papel do toque humano na assistência médica. Quando eles olharam atentamente para obras de arte que tinham o sofrimento humano como tema central, os participantes aprofundaram sua compaixão pelos sofredores. À medida que se tornaram mais habilidosos em descobrir histórias em obras de arte, eles também ficaram mais sintonizados com as histórias de seus próprios pacientes. Além disso, esses programas incentivaram os participantes a sondar a complexidade do seu próprio envolvimento visual, ajudando-os a descobrir as concepções prévias e os vieses que eles traziam ao ato de observação e expondo-os a obras de arte que podiam perturbar suas ideias tácitas sobre a neutralidade da observação — como ocorreu nas instalações de Fred Wilson. Dezessete anos após o programa pioneiro em Yale, o relatório do fórum mais recente no Museu de Arte Moderna de Nova York reconhece essa ampliação dos resultados. "Muitos programas expandiram seu foco para abordar a comunicação empática, a compaixão, as diferenças culturais, os vieses culturais e a criatividade", afirma o relatório. Esses programas "[...] ajudam os estudantes de medicina a trabalhar em equipe, fortalecer suas habilidades de observação e comunicação e desenvolver tolerância com ambiguidades e interpretações diversas das informações. Essas habilidades são úteis no desenvolvimento de suas práticas clínicas".[8]

As parcerias entre museus de arte e escolas médicas são um exemplo especialmente eficaz de como a prática do olhar atento pode cultivar uma profunda apreciação pela complexidade. Mas elas não são, de forma alguma, o único caso em que esse aprendizado ocorre. Praticamente todas as histórias deste livro são oferecidas como ilustrações de como isso pode acontecer em todos os tipos de ambientes e para todos os tipos de alunos: em museus e laboratórios, para crianças do jardim de infância ou adolescentes do ensino médio, por meio de obras de artistas ou escritores e de inventores ou estudiosos.

No início deste capítulo, fiz duas perguntas. A primeira era se discernir a complexidade conta como uma espécie de conhecimento. Espero que os exemplos apresentados neste capítulo tenham convencido você de que sim. A segunda era se o discernimento da complexidade é uma forma *valiosa* de conhecimento, especialmente para jovens em idade escolar. Essa questão é especialmente pertinente para os educadores. O olhar atento leva tempo, e projetar experiências voltadas para ele em um currículo significa fazer a escolha de deixar outras coisas de fora. Uma forma de fazer a pergunta sobre o valor de algo é colocá-la da maneira que meu colega David Perkins fez em seu livro *Future wise*,[9] que pergunta: o que é um aprendizado *para toda a vida* para os estudantes? O que os ajudará na vida que provavelmente levarão? Traduzindo isso para nossos propósitos, podemos perguntar: aprender a apreciar os tipos de complexidade discutidos neste capítulo ajudará os alunos a viverem a vida que eles provavelmente terão? Eu acredito que sim. Aprender a apreciar a complexidade das partes e interações ajuda os estudantes a entenderem que o mundo não é uma caixa-preta: eles podem aprender a desvendar a complexidade estrutural de objetos e sistemas e, ao fazê-lo, se sentir capacitados para investigar, explorar e inventar. Aprender a apreciar a complexidade da perspectiva permite que os alunos tenham uma flexibilidade para ver o mundo de diferentes pontos de vista, mas também os incentiva a serem sensíveis ao fato de que nunca podemos realmente ter as experiências dos outros. Aprender a apreciar a complexidade do engajamento ensina um tipo importante de humildade: ajuda os estudantes a entenderem o papel que a própria subjetividade deles desempenha em suas percepções do mundo e os ajuda a apreciar a integridade das perspectivas dos outros.

## NOTAS


1. WOOLF, V. The mark on the wall. *In*: WOOLF, V. *Monday or tuesday.* New York: Harcourt, Brace and Company, 1921. Disponível em: http://digital.library.upenn.edu/women/woolf/monday/monday-08.html. Acesso em: 28 fev. 2023.
2. PERKINS, D. *Knowledge as design.* New York: Lawrence Erlbaum Associates, 1986.
3. Agency by Design foi uma iniciativa de pesquisa no Project Zero, da Harvard Graduate School of Education, com o objetivo de investigar as promessas, as práticas e as pedagogias da aprendizagem centrada no fazer. Informações e recursos educacionais podem ser encontrados em PROJECT ZERO. *Agency by Design*. [202-]. Disponível em http://www.agencybydesign.org/. Acesso em: 28 fev. 2024.
4. MULVEY, L. Visual pleasure and narrative cinema. *Screen*: Oxford Journals, v. 16, n. 3, p. 6–18, 1975.
5. BERGER, J. *Ways of seeing*. London: BBC; Harmondsworth: Penguin, 1973. p. 47.
6. PITMAN, B. *The art of examination*: art museum and medical school partnerships: forum report. New York: MoMA; Richardson: Edith O'Donnell Institute of Art History, 2016. p. 11.
7. DOLEV, J. C.; FRIEDLAENDER L. K.; BRAVERMAN, I. Use of fine art to enhance visual diagnostic skills. *Journal of the American Medical Association*, v. 286, n. 9, p. 1020–1021, 2001.
8. PITMAN, B. *The art of examination*: art museum and medical school partnerships: forum report. New York: MoMA; Richardson: Edith O'Donnell Institute of Art History, 2016. p. 6.
9. PERKINS, D. N. *Future wise*: educating our children for a changing world. San Francisco: Jossey Bass, 2014.

9

# CONCLUSÃO: PENSANDO ATENTAMENTE

O olhar atento é uma maneira importante e única de obter conhecimento sobre o mundo. Ele é importante porque nos ajuda a descobrir complexidades que não podem ser compreendidas rapidamente. Ele é único porque envolve padrões de pensamento que têm um centro de gravidade diferente daqueles envolvidos no pensamento crítico e diferente também daqueles envolvidos na criatividade, embora compartilhe muitas capacidades cognitivas com ambas as áreas. Praticamente qualquer pessoa em qualquer idade pode aprender a desacelerar e observar o mundo mais de perto, e isso traz enormes recompensas, tanto no conhecimento adquirido quanto nos prazeres oferecidos. Mas a prática do olhar atento requer incentivo, particularmente em contextos que podem não a priorizar. Este capítulo esboça três diretrizes para criar ambientes que incentivem o olhar atento.

## DAR TEMPO AO OLHAR

A maneira mais eficaz de cultivar o olhar atento é arranjar tempo para ele. Obviamente, isso é mais fácil de dizer do que de fazer, mas um contexto em que podemos esperar que isso aconteça é no ensino de disciplinas como ciências, em que a observação cuidadosa e metódica faz parte da prática. Porém, embora experiências prolongadas de observação possam fazer parte do ensino de ciências para alunos mais velhos, essas experiências podem ser surpreendentemente escassas para os estudantes mais jovens. Por exemplo, um estudo sobre o ensino de ciências nos primeiros anos escolares descobriu que as atividades de observação representavam apenas 5% das práticas de sala de aula para jovens, e mesmo essas atividades consistiam principalmente nos professores fazendo observações enquanto os alunos observavam.[1] Essa descoberta pode ser extrema, mas aponta para o fato de que o olhar atento muitas vezes não é cultivado mesmo em contextos em que ele parece se encaixar naturalmente. Outro caso são os museus, especialmente os grandes museus enciclopédicos, que se baseiam na premissa de que vale a pena contemplar objetos maravilhosos, mas muitas vezes são projetados para incentivar uma observação rápida em vez de atenta. Por trás de ambos os exemplos, está uma crença tácita de que o olhar atento faz parte de uma prática especializada, algo que apenas cientistas experientes ou conhecedores de arte sofisticados fazem, mas não algo que seja praticado de forma frutífera por novatos. Espero que este livro tenha desenvolvido um contra-argumento persuasivo a essa posição: que o olhar atento é uma amplificação do impulso humano natural de olhar para as coisas por si mesmo, e que o aprendizado acumulado pela persistência na observação recompensa ricamente o tempo gasto, seja para um novato ou para um especialista.

Em seu livro *The intelligent eye*, David Perkins escreve sobre aprender a pensar olhando para a arte e propõe um conjunto de hábitos mentais que apoiam tanto o olhar profundo quanto o pensamento profundo. O primeiro deles é dar tempo à observação. "Persistência e paciência são os ingredientes mais importantes", explica ele, "o compromisso de perseverar e enxergar mais do que você veria de outra forma".[2] Perkins faz uma distinção entre inteligência experiencial e inteligência reflexiva e argumenta que um olhar minucioso envolve ambas. A inteligência experiencial está relacionada ao reconhecimento rápido das coisas: ela nos ajuda a entender imediatamente o que vemos, conectando a percepção a experiências anteriores. Uma criança espia um caracol em uma rocha e, tendo visto tanto um caracol quanto uma rocha antes, imediatamente forma uma impressão. A experiência reflexiva é descrita por David Perkins como "[...] a contribuição da autogestão consciente e da implantação estratégica dos recursos intelectuais para o comportamento inteligente".[2] O olhar atento envolve inteligência reflexiva, porque envolve ir intencionalmente além de um primeiro olhar ou de uma primeira impressão, e muitas vezes envolve esforço intencional e sustentado. A criança, intrigada com a visão de um caracol em uma rocha, decide se inclinar para olhar mais de perto. Ela pode até decidir ser sistemática em sua observação, por exemplo, tentando ver como o caracol faz seu caminho lento ao longo da rocha, ou percebendo suas diferentes partes do corpo, ou comparando mentalmente seus movimentos com o de outros estranhos seres rastejantes que ela já tenha visto.

Mas dar tempo para observar não é apenas uma questão de disciplina mental interna. O ritmo e a qualidade do nosso fluxo atencional são influenciados pelos diversos ambientes em que nos encontramos. Por exemplo, em museus, isso é influenciado pela forma como as galerias são projetadas, onde as obras são instaladas, onde cadeiras e bancos estão localizados e como o texto informativo é escrito. Na sala de aula, a decisão de dar tempo à observação muitas vezes depende do professor, que deve decidir como incluir o olhar atento no currículo das aulas. Essa decisão pode ser difícil, uma vez que dar aos alunos tempo para o olhar atento geralmente significa dar menos tempo para outra coisa. Não há uma solução fácil para esse dilema, mas uma peça importante para esse quebra-cabeça é que os educadores sejam capazes de reconhecer, articular e defender os benefícios da aprendizagem com o olhar atento. O capítulo anterior teve como objetivo abordar esse desafio, identificando o discernimento da complexidade como um dos principais resultados de aprendizagem do olhar atento. Às vezes, discernir a complexidade surge como uma consequência natural de prolongar uma observação. Mas nisso também há um lado estratégico, o que nos leva ao próximo princípio.

## USO DE ESTRATÉGIAS, ESTRUTURAS E FERRAMENTAS PARA APOIAR A OBSERVAÇÃO

As primeiras impressões visuais podem ser muito satisfatórias. Olhamos, vemos e entendemos algo e seguimos em frente. Porém, embora seja verdade que nossos olhos amem primeiras impressões, também é verdade que gostamos de estímulos contínuos, e compensar nossa tendência de parar nas primeiras impressões não requer necessariamente um enorme contraesforço. Às vezes, tudo o que precisamos é de uma simples conexão para irmos além de um mero olhar. Essa conexão pode consistir no uso de estratégias observacionais amplas do tipo que analisamos nos capítulos anteriores, como fazer inventários, usar categorias para guiar o olho, ajustar escala e escopo e criar justaposições. Ela pode consistir em atividades familiares, como escrita descritiva ou desenho observacional — atividades que forneçam uma estrutura para observação prolongada. Muitas vezes, a conexão é criada simplesmente comunicando ou recalibrando expectativas. Uma abordagem, bem conhecida dos educadores de museus, é simplesmente perguntar aos espectadores: "O que mais vocês veem?". Ao simplesmente colocar essa questão, o educador comunica a expectativa de ir além de um primeiro olhar. Da mesma forma, outra técnica de ensino é estruturar experiências instrucionais para que elas explicitamente exijam mais tempo de observação. Alguns exemplos extremos disso foram mencionados em capítulos anteriores: Jennifer Roberts ministra um curso que exige que seus alunos universitários passem 3 horas em um museu olhando para uma única pintura; o cientista Louis Agassiz insistiu que um estudante aspirante a entrar na pós-graduação passasse dias olhando para um esqueleto de peixe antes de ser admitido em seu laboratório. Mas *designs* instrucionais menos extremos também funcionam bem. Muitas vezes, vi educadores mostrarem aos alunos mais jovens uma imagem ou um objeto e simplesmente instruí-los a tirar 30 segundos para observá-lo de perto, antes de falarem sobre o que viam. Mesmo essa modesta fatia de tempo dedicado faz maravilhas para nos ajudar a desacelerar.

Outro tipo de ajuda diz respeito à disponibilidade de adereços — ajustes físicos e ferramentas que apoiam a observação atenta —, como ter um caderno de esboços ou bloco de notas à mão, espiar através de uma moldura feita com as mãos, abaixar-se para ver algo de perto, afastar-se para contemplar uma vista mais ampla, usar binóculos, lupas, microscópios, telescópios. Todas essas ferramentas e ajustes calibram nossas expectativas, oferecendo técnicas para irmos além de um primeiro olhar.

## CULTIVO DO LADO DISPOSICIONAL DO OLHAR ATENTO

O olhar atento é um comportamento que pode ser aprendido. Ele é impulsionado com o auxílio de estratégias como as que acabamos de discutir, mas também envolve outras coisas. Uma maneira de pensar sobre essas "outras coisas" é do ponto de vista do caráter: pessoas que praticam regularmente o olhar atento têm uma certa visão da aprendizagem que é atitudinal, assim como baseada em habilidades. Dito de outra forma, o olhar atento é disposicional. Isso não significa que todos que estão dispostos a praticá-lo têm o mesmo tipo de personalidade. Duas pessoas podem ser observadoras atentas, mas usar o olhar atento de maneiras muito diferentes. Uma pessoa pode ser mais gradual e sistemática, e a outra pode adotar uma abordagem imersiva e holística. Uma pessoa pode ter curiosidade sobre o mundo natural, e a outra pode preferir olhar para a arte ou a arquitetura. Ainda assim, pode-se dizer que todos esses tipos de personalidade compartilham uma ampla tendência disposicional — a tendência de desacelerar e de dar tempo para observar com atenção. Do ponto de vista educacional, isso é importante, porque conceber o olhar atento como uma questão de disposição tem implicações em como cultivá-lo.

Há muitos anos, um grupo de colegas e eu estávamos interessados na ideia de "disposições de pensamento" — padrões intelectuais de comportamento como o raciocínio cuidadoso, a tomada de decisão ponderada e a mente aberta. Na época, em meados da década de 1990, havia muitas conversas nos círculos educacionais sobre a importância de ensinar habilidades de pensamento crítico, e muitos programas educacionais que foram desenvolvidos prometiam ensiná-las. Porém, em geral, esses programas não funcionavam muito bem entre disciplinas diferentes. Por exemplo, os estudantes podem aprender a raciocinar com evidências na aula de ciências, mas, posteriormente, podem enfrentar dificuldades em avaliar as evidências de maneira apropriada nas aulas de história ou aplicar suas habilidades de raciocínio baseado em evidências a questões fora do ambiente escolar. Meus colegas e eu nos perguntamos o que seria necessário para cultivar hábitos críticos da mente com um alcance maior. Eventualmente, propusemos uma possível resposta, que assumiu a forma de um quadro explicativo. Na época, estávamos preocupados principalmente com disposições relacionadas ao pensamento crítico, mas a estrutura se aplica a praticamente qualquer tipo de tendência disposicional ampla, incluindo o olhar atento. Ela afirma que existem três componentes do comportamento disposicional relacionados entre si e que todos os três precisam estar presentes para que as tendências disposicionais que conseguem atingir diferentes contextos se consolidem.

O primeiro componente é a *habilidade*. Isso se refere ao fato óbvio de que, para se envolver em qualquer tipo de comportamento intelectual, é essencial ter a capacidade básica de fazê-lo. No caso do olhar atento, isso pode significar ter a capacidade de discernir detalhes visuais, juntamente com a capacidade de usar estratégias observacionais amplas, como fazer listas de características ou usar categorias para identificar diferentes tipos de características. Ter alguma habilidade básica nessas áreas não significa que é preciso ser um especialista — apenas que a pessoa precisa conseguir executar o básico.

Um segundo componente do comportamento disposicional é a *inclinação*. Isso se refere à dimensão motivacional do comportamento e aponta para o fato de que deve haver algum ímpeto sentido para que o comportamento disposicional ocorra. Em outras palavras, não só temos que ser *capazes* de fazer algo, temos que querer fazer isso também. Isso pode parecer óbvio, mas, na verdade, as pessoas geralmente têm habilidades que não têm motivação para usar regularmente. Como um exemplo pessoal, tenho a capacidade básica de manter meus arquivos de computador organizados. Infelizmente, às vezes, não tenho motivação para fazer isso, e poucas pessoas que me conhecem me acusariam de ter a disposição de ser organizada.

O terceiro componente disposicional necessário é denominado *sensibilidade*. Esse componente não é tão óbvio quanto os outros dois. Ele aponta para o fato de que, além de ter habilidades e inclinações relacionadas a uma determinada disposição, também é preciso perceber ou ser sensível a ocasiões em que faz sentido seguirmos o comportamento. Para continuar com o exemplo dos meus arquivos de computador: como mencionei, tenho a capacidade básica de ser mais organizada do que sou. E, embora muitas vezes não tenha a inclinação de fazer muito a respeito, ocasionalmente sinto uma explosão de motivação, especialmente quando sofro a frustração de não conseguir encontrar um documento importante. Meu problema, porém, é que, como estou ocupada trabalhando no meu computador, não percebo momentos em que pequenos atos de organização seriam realmente úteis. Como isso se aplica ao olhar atento? Pense nos alunos do programa Out of Eden Learn que discutimos no Capítulo 3. Lembre-se do entusiasmo deles por fazer caminhadas atentas em seus bairros e ver o ambiente cotidiano deles com novos olhos. Os comentários e as fotografias dos alunos mostram claramente que eles têm alguma habilidade básica em relação ao olhar atento e também que se sentem motivados a usá-la. O que não sabemos é se o entusiasmo recém-descoberto deles se estenderá a novos contextos, de modo que usem o olhar atento em outras situações em que pode não haver um currículo que os leve explicitamente a fazê-lo, como no museu, por exemplo, ou na aula de ciências, ou simplesmente voltando para casa depois da escola.

A ideia de que o comportamento disposicional depende da junção desses três componentes (habilidade, inclinação e sensibilidade) pode parecer boa em teoria, mas em meados da década de 1990, quando propusemos essa estrutura, isso era tudo o que ela era: uma teoria. Então decidimos testá-la. Nós planejamos uma sequência de atividades escritas para alunos do ensino médio que nos permitiu ver se esses três elementos estavam realmente presentes no comportamento intelectual dos alunos, e se eram separáveis. Descobrimos que, de fato, eles estavam presentes e eram separáveis.[3] Por exemplo, encontramos alguns alunos que tinham todos os três elementos em abundância; eles conseguiam pensar criticamente em situações apropriadas, mesmo quando o pensamento em questão não era explicitamente indicado. Alguns alunos foram motivados a pensar de certas maneiras, mas não reconheceram ocasiões para fazê-lo (como eu com meus arquivos de computador). Alguns alunos tinham certas habilidades de pensamento, mas não tinham a motivação para usá-las — e assim por diante, com várias combinações. Naturalmente, uma vez que conseguimos identificar a contribuição de cada um dos três elementos para o comportamento intelectual dos alunos, estávamos ansiosos para identificar as deficiências mais comuns. O que os alunos estavam perdendo com mais frequência? Habilidade, inclinação ou sensibilidade? (Tínhamos previsto provisoriamente que seria motivação.) A descoberta foi um tanto surpreendente.

Aparentemente, quando os alunos não têm certas disposições de pensamento, na maioria das vezes não é porque eles não têm as habilidades de pensamento certas, nem porque eles não têm a inclinação. Em vez disso, é porque eles não têm sensibilidade para a ocasião. Em outras palavras, as pessoas muitas vezes não pensam de forma crítica ou criativa simplesmente porque não percebem os momentos em que faz sentido fazê-lo. Isso pode parecer estranho, mas, se pensarmos bem a respeito, na verdade não é, porque a instrução formal muitas vezes atua como um substituto para a sensibilidade, particularmente no contexto da escola. Uma lição projetada para ensinar um certo tipo de pensamento, como o raciocínio cuidadoso, digamos, ou o olhar atento, *sinaliza* aos alunos que tipo de pensamento é necessário, simplesmente em virtude de sua presença no currículo: os alunos não precisam desenvolver sensibilidade para a ocasião, porque a ocasião já é reconhecida por eles.

Como essa análise do comportamento disposicional se relaciona com o olhar atento? Esse resultado sugere que, para cultivar o olhar atento como uma expressão duradoura de caráter, e não como uma mera implantação de habilidade, é importante atender a todos os três elementos da tríade disposicional. Desenvolver a habilidade envolve aprender a usar os tipos de estratégias discutidas na seção anterior — estratégias e estruturas para ver mais, para concentrar a atenção e para enxergar de novas maneiras. Desenvolver uma inclinação para o olhar atento envolve acessar o impulso humano natural de ver por si mesmo e estender esse impulso, "dando tempo ao olhar" para que o prazer intrínseco da descoberta tenha a chance de se desdobrar. Também envolve encontrar ou criar ambientes que apoiem e recompensem o olhar atento. O que se conecta ao terceiro elemento disposicional: a sensibilidade. Desenvolver um estado de estar sempre atento a ocasiões em que o olhar atento pode ser usado — um estado de alerta que vá além das fronteiras disciplinares e contextuais — é um desafio especial, particularmente no ambiente estruturado da escola, que funciona como uma espécie de substituto da sensibilidade, dizendo aos alunos o que fazer e quando fazê-lo. Não há receita mágica, mas, do ponto de vista do *design* educacional, uma grande parte da resposta é tornar o olhar atento uma parte difundida e duradoura do ambiente cultural, em vez de uma experiência ou lição única.

O educador Ron Ritchhart e outros escreveram sobre as forças culturais na sala de aula que moldam o desenvolvimento das disposições de pensamento dos alunos.[4] Elas estão presentes no dia a dia da sala de aula e se manifestam por meio dos tipos de pensamento que são desenvolvidos, avaliados e visivelmente valorizados. Então, por exemplo, se você é um professor e deseja que seus alunos desenvolvam uma tendência ao olhar atento, convém mostrar a eles exemplos do olhar atento em ação, promovendo e apontando situações em que ele ocorre. É importante lembrar de reservar o tempo necessário para o olhar atento e dar destaque a ele em todo o currículo. Também é relevante oferecer aos alunos *feedbacks* informativos que validem seus esforços e destaquem o sucesso da abordagem. É interessante que você torne os processos e as ferramentas do olhar atento facilmente acessíveis na sala de aula — por exemplo, anotando as observações dos alunos, deixando-as à vista e criando exibições de objetos visualmente atraentes em sala de aula, acompanhadas de assentos confortáveis e ferramentas como lupas, que convidem os observadores a prolongarem a observação.

Também é importante se certificar de que haja ocasiões frequentes de observação socializada. Cada um de nós tem seus próprios olhos, por isso é fácil aceitar a ideia de que a observação minuciosa é uma atividade individual. Mas ela também pode ser algo poderosamente social. Você se lembra do grupo escolar que estava discutindo o Shaw Memorial na National Gallery of

Art, descrito em um capítulo anterior? Enquanto o grupo falava sobre a escultura, as observações de um estudante faziam com que outra pessoa visse algo novo, o que, por sua vez, fazia com que outra pessoa chegasse a uma nova observação. Juntas, as observações coletivas eram muito mais ricas e abundantes do que teriam sido se cada estudante tivesse observado em silêncio e sozinho. O mesmo aconteceu com os profissionais médicos descritos no capítulo anterior, que compartilharam experiências observacionais em museus.

## OBSERVAR E PENSAR

Durante a maior parte da minha vida profissional, fui uma pesquisadora educacional. Meu trabalho se concentra no que é frequentemente chamado de "pensamento de alto nível", que pode ser vagamente descrito como os processos cognitivos envolvidos no pensamento crítico, reflexivo e criativo. Acredito em uma abordagem de aprendizagem ativa, prática e consciente, em que os alunos estejam ativamente envolvidos em pensar por si mesmos e construir suas próprias ideias. Dado esse contexto, meu interesse no olhar atento pode parecer estranho. O olhar atento muitas vezes pode parecer passivo, pelo menos do lado de fora, porque se trata de coletar observações, em vez de formar ativamente interpretações e resolver problemas. Há muitas partes neste livro em que pareço falar sobre o olhar atento como uma forma ativa de pensamento. Mas será que ele realmente é? Inclusive, será que ele pode mesmo ser considerado pensamento?

Há uma maneira mais abrangente e uma maneira mais específica de responder à questão de se o olhar atento é uma forma de pensamento. A maneira mais abrangente define o pensamento como qualquer atividade mental consciente. Dada essa definição, como estamos conscientes das observações que fazemos quando observamos algo, o olhar atento se qualifica facilmente como pensamento. A maneira mais específica caracteriza o pensamento como uma experiência ativa e engajada, em que a mente "age" fazendo coisas *com* e *para* os estímulos mentais que fluem por ela — por exemplo, ao examinar, analisar, interpretar, considerar, imaginar, sondar ou discernir. Essa geralmente é a definição que os educadores têm em mente quando falam sobre ensinar os alunos a pensarem. Acredito que, na maior parte do tempo, o olhar atento também atende a esse padrão mais específico.

Imagine um espectro de atividades de pensamento de alto nível, com *tomar decisões* em uma extremidade do espectro e *discernir* na outra extremidade.

As atividades do grupo mais para o lado da decisão do espectro têm a ver com descobrir o que as coisas significam, o que é correto ou o que fazer. Elas incluem os tipos de atividades cognitivas tipicamente associadas ao pensamento crítico: pesar evidências, formular interpretações, construir argumentos, desenvolver opiniões, resolver problemas e tomar medidas pensadas. As atividades que se agrupam mais para o lado do discernir do espectro são aquelas que foram descritas ao longo destas páginas. Elas envolvem criar descrições e representações, fazer observações prolongadas, perceber partes e relações, olhar de vários pontos de vista e ver com novos olhos. Nos círculos educacionais, a maioria das discussões sobre o pensamento de alto nível tende a gravitar em direção ao lado da "decisão" do espectro. Elas se concentram no pensamento crítico, que é normalmente definido como um "[...] pensamento razoável e reflexivo focado em decidir no que acreditar ou fazer",[5] ou no pensamento criativo, que está relacionado a enxergar além do óbvio, geralmente para resolver problemas de maneiras inovadoras. Embora o olhar atento possa desempenhar um papel muito útil no pensamento crítico e no pensamento criativo, incluí-lo em qualquer uma dessas classificações não faz justiça aos seus processos e objetivos únicos. O olhar atento *não*

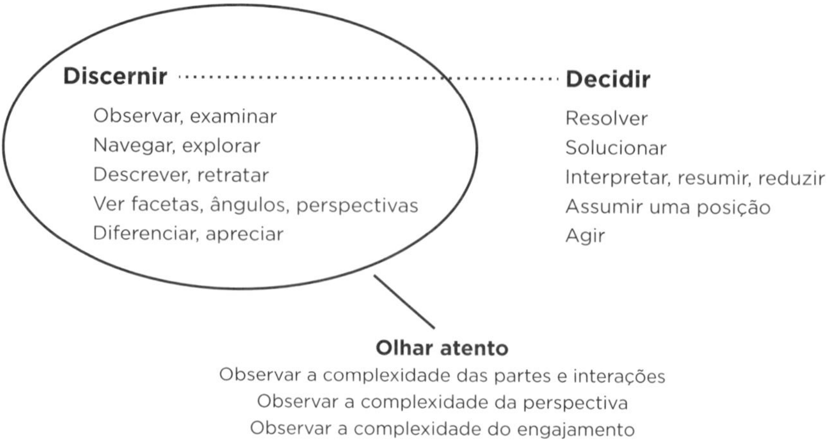


**FIGURA 9.1** Um espectro de resultados da aprendizagem centrada no pensamento.

é essencialmente orientado ao julgamento, embora seus frutos certamente embasem bons julgamentos. Em vez disso, o olhar atento enfatiza o adiamento do julgamento em favor da apreensão da complexidade de como as coisas estão no momento. Ele tampouco é orientado à busca de soluções, apesar de que, como acontece com os julgamentos, os frutos do olhar atento certamente possam contribuir para a resolução de problemas. Em vez de enfatizar a mudança ou a melhoria, o olhar atento enfatiza descrever ou retratar o "o quê" das coisas como elas são.

É claro que o pensamento crítico, o pensamento criativo e o olhar atento não são três domínios de atividade cognitiva totalmente independentes. Todos dependem uns dos outros e muitas vezes se misturam na prática. Além disso, as listas de capacidades cognitivas associadas a cada um não são mutuamente exclusivas. Por exemplo, ver as coisas de diferentes pontos de vista é importante nos três modos de pensamento; classificar e analisar pistas visuais também pode ser importante nas três áreas, assim como formular explicações baseadas em evidências de como as coisas funcionam. Mas cada uma das três áreas tem um centro de gravidade distinto. É útil entender como esses centros de gravidade diferem e como as práticas do olhar atento tendem para o lado de "discernir" do espectro de resultados da aprendizagem centrada no pensamento. Esses entendimentos podem orientar o *design* de experiências de olhar atento e também podem ajudar os educadores a explicarem e justificarem o valor do olhar atento para os outros, incluindo alunos, pais, administradores escolares e qualquer outra pessoa envolvida na aprendizagem dos estudantes.

Espero que este livro tenha convencido você de que há mais no olhar atento do que simplesmente desacelerar em um mundo acelerado. O olhar atento é um modo importante de aprendizagem. Ele desempenha um papel na ciência, na arte e na vida cotidiana e pode ser praticado de forma frutífera por quase todos — especialistas e novatos, jovens e adultos. Acima de tudo, o valor do olhar atento está em praticá-lo por si mesmo. Nenhuma quantidade de informações externas ou relatos em segunda mão pode substituir os *insights* produzidos por ele ou o prazer que ele proporciona.

A maioria dos educadores que conheço, quer ensinem crianças em idade pré-escolar ou estudantes de pós-graduação, se preocupa em capacitar seus alunos a compreenderem o mundo ao seu redor e viverem com inteligência e compaixão. Como prática, o olhar atento tem muito a oferecer. Ele nos ajuda a descobrir as complexidades de objetos, sistemas e relacionamentos. Ele nos permite visualizar e explorar diversas perspectivas e, ao mesmo tempo, sondar nossa própria subjetividade. E ele nos ajuda a discernir e apreciar a complexidade sem necessariamente dissolvê-la. O valor do olhar atento pode ser resumido em uma frase: quanto mais olhamos, mais vemos.

## NOTAS

1. KALLERY, M.; PSILLOS, D. What happens in the early years science classroom?: the reality of teachers' curriculum implementation activities. *European Early Childhood Education Research Journal*, v. 10, n. 2, p. 49–61, 2002.
2. PERKINS, D. N. *The intelligent eye*. Santa Monica: Getty Center for Education in the Arts, 1994. p. 36.
3. PERKINS, D. *et al*. Intelligence in the wild: a dispositional view of intellectual traits. *Educational Psychology Review*, v. 12, n. 3, p. 269–293, 2000. Para uma discussão mais orientada para o profissional, ver TISHMAN, S. Added value: a dispositional perspective on thinking. *In*: COSTA, A. (ed.). *Developing minds*: a resource book for teaching thinking. Alexandria: Association for Supervision and Curriculum Development, 2001. v. 3, p. 72–75.
4. Ver RITCHHART, R. *Creating cultures of thinking*: the 8 forces we must master to truly transform our schools. San Francisco: Jossey-Bass, 2015; e TISHMAN, S.; PERKINS, D.; JAY, E. *The thinking classroom*: teaching and learning in a culture of thinking. Boston: Allyn & Bacon, 2015.
5. NORRIS, S. P.; ENNIS, R. H. *Evaluating critical thinking*. Pacific Grove: Critical Thinking, 1989. p. 3.

# ÍNDICE